KB183774

위대한 리더가 되고 싶다면

공감하라

위대한 리더가 되고 싶다면 공감하라

소통을 넘어 공감으로 조직을 움직이는 결정적인 힘

초 판 1쇄 2025년 01월 20일

지은이 정민
펴낸이 류종렬

펴낸곳 미다스북스
본부장 임종익
편집장 이다경, 김가영
디자인 윤가희, 임인영
책임진행 김요섭, 이예나, 안채원, 김은진, 장민주

등록 2001년 3월 21일 제2001-000040호
주소 서울시 마포구 양화로 133 서교타워 711호
전화 02 322-7802~3
팩스 02 6007-1845
블로그 http://blog.naver.com/midasbooks
전자주소 midasbooks@hanmail.net
페이스북 https://www.facebook.com/midasbooks425
인스타그램 https://www.instagram.com/midasbooks

ISBN 979-11-7355-006-5 03190

값 19,000원

미다스북스는 다음세대에게 필요한 지혜와 교양을 생각합니다.

위대한 리더가 되고 싶다면

공감하라

소통을 넘어 공감으로
조직을 움직이는 결정적인 힘

정민 지음

미다스북스

프롤로그

김밥의 맛을 결정하는 것은 무엇일까? 김밥의 맛을 결정하는 것은 밥이다. 밥을 얼마나 맛있게 짓느냐가 김밥의 맛을 결정한다. 사람의 진가는 상대의 처지를 얼마나 공감하느냐에 달려 있다. 아무 문제가 없어 보이는 사람도 내막을 알고 보면 많은 문제를 안고 살아간다. 어려울 때 공감해 주는 사람이 정말 고마운 사람이다. 어려울 때 공감해 주는 사람은 쉽게 잊지 못한다. 세월이 흘러도 공감해 주었던 그 사람은 기억한다. 공감은 공짜가 없다. 진실로 공감을 받은 사람은 언젠가 갚을 기회가 오면 선의로 반드시 갚는다.

리더가 구성원을 공감하지 못하면 구성원도 리더를 공감하지 않는다. 젊은 세대 직원들을 대상으로 설문 조사한 결과 퇴사 원인 중 60% 정도가 리더의 공감 부족이란 통계가 있다. 조직은 시스템으로 움직이지만, 시스템을 움직이는 것은 눈에 보이지 않는 공감이다. 공감은 윤활유와 같은 역할을 한다. 기계에 윤활유가 없으면 마모가 심해지고 소음이 발생한다. 이처럼 사회나 조직에서 공감이 결핍되면 갈등과 분열이 일어난다. 공감이 사라진 조직에는 성과를 기대할 수 없다. 공감 능력이 없는 사람을 리더의 자리에 앉히는 것은 경영진의 실책이다. 리더의 무기는 공감이며, 공감이 조직을 탄탄하게 한다.

공감이 사라진 조직은 메마른 사막과 같다. 사막에서는 풍성한 열매를 기대할 수 없다. 노벨경제학상을 수상한 심리학자 대니얼 카너먼은 "성공을 위한 가장 중요한 조건은 지능이나 학벌이 아니라 다른 사람들의 감정을 이해하고 공감할 수 있는 능력"이라고 했다.

현실에서 사람과 사람 사이의 관계는 메말라 간다. 각종 디지털 기기에서 내뿜는 열로 인해 사람과 사람을 이어주는 수증기는 증발해 버리고 있다. 힘들고 어려운 삶을 살아가는 이들을 주변에서는 무관심으로 지나친다. 어려운 처지를 겪는 상대방에게 위로의 말 한마디를 하는 것은 목마른 사람에게 물을 주는 것과 마찬가지다. 어려울수록 이런 갈증으로 목은 더 타들어 간다.

김수영 시인의 「풀」이라는 시를 보면 "풀은 바람이 불 것 같으면 발까지 눕지만 바람보다 먼저 일어난다."라고 했다. 연약한 풀이지만 강한 바람을 버틴다. 풀은 조그만 바람에도 흔들리고 폭풍우에는 잠시 눕지만 꺾이지 않고 다시 일어난다. 인간의 마음은 풀처럼 어려운 시기와 환경을 마주하면 불안하고 흔들린다. 그러나 풀처럼 다시 일어나야 한다.

필자는 30여 년간 직장에서 조직의 구성원과 리더로서 생활했다. 직장에서는 본사 조직장으로, 현장에서는 프로젝트팀을 이끄는 리더로 오랜 시간을 보냈다. 가정에서는 종갓집 장남으로 20여 년간 아이 셋을 키우면서 3대가 모여 살았다. 이 과정에서 때론 공감하고 때론 공감받지 못하면서 느낀 생각이나 마음을 여기에 풀어놓고자 한다.

대형 서점에 가면 공감과 관련된 책들이 즐비하다. 이는 많은 사람이 공감을 갈망한다는 방증이다. 공감과 관련한 책은 많지만 우리 사회에는 여전히 공감이 부족한 것이 현실이다.

공감하지 못하고 공감받지 못하기 때문에 우리 사회는 많은 병을 가지고 살아간다. 공감은 백신과 같다. 공감받지 못하면 사람은 살아가기 힘들다. 우리의 삶 속에는 수많은 바이러스가 침투한다. 적기에 공감이라는 백신을 맞지 못하면 면역 체계가 버티지 못해 삶은 병든다.

마음에 상처를 받으면 흔적을 남긴다. 이런 흔적들은 언젠가 또 다른 모습으로 다가와 대가를 요구한다. 아무도 알아주지 않는 사각지대에 놓인 현대인의 마음을 위로하기 위한 처방은 공감이다.

이 책이 메말라 가는 조직과 사회에서 관계를 맺고, 관계를 이어가고, 관계의 결과를 얻으려는 모든 이들에게 공감이라는 백신을 퍼트려 서로 화합하고 협력하는 데 조그마한 디딤석이 되기를 바란다.

위대한 리더를 향한 첫걸음, 공감의 중요성

1부

1장

디지털 시대의 리더의 단 한 가지 원칙

나무는 뿌리가 서로 연결되어 서로에게 버팀목이 되어준다. 사회나 조직도 마찬가지다. 혼자서는 풍파에 맞서기 어렵다. 하지만 서로가 서로를 의지한 채 버팀목이 되어준다면 어려운 시련도 이겨낼 수 있다.

나무뿌리처럼 서로를 연결해 조화를 이끌어라

조직이나 사회에서 사람 사이의 갈등은 흔히 볼 수 있는 일이다. 사람 사는 곳이면 갈등은 필연적으로 일어날 수밖에 없는 구조다. 특히 요즘은 조직은 물론 사회 전체가 갈등으로 시름하고 갈등의 정도는 점점 심해지고 있다.

이런 갈등은 디지털 공간에서의 부추김으로 인해 더욱 양극단으로 나뉘어 심화되고 있다. 사람들은 디지털 공간에서 자신의 의견과 반대되는 정보를 접할 때 전통적인 매체보다 더 분노한다. 왜냐하면 이런 플랫폼들은 우리의 관심이 머무는 곳에 덫을 놓아 우리가 선호하는 정보만을 탐색하도록 유도하기 때문이다. 소비자도 취향에 맞는 채널을 고정시켜 놓고 자신의 생각을 끊임없이 한쪽으로 몰고 간다.

왜 우리는 서로의 입장을 이해하지 못하는가. 생각해 보면 우리는 경쟁 구도 속에서 남보다 한 발짝이라도 앞서야 하기 때문에 남을 보지 못하는 것이다. 나와 관계없는 것, 불리한 것은 배제하고 나에게 이익을 가져다주는 것, 유리한 것만 취사선택한다. 유유상종類類相從이란 처지가 비슷한 사람끼리 어울린다는 말이다. 나와 의견이 비슷한 사람들만 만나고 비슷한 의견만 듣기 때문에 사고나 생각이 편향될 수밖에 없다. 편의주의로 인해 다양한 정보를 탐색하기보다 내 생각에 동조되는 정보만 취급함으로써 사람들의 사고와 시야는 더욱 좁아진다. 음식도 편식하지 말고 골고루 섭취해야 영향이 균형 있게 잡혀 건강을 유지하는 것처럼 정신 건강도 마찬가지다. 다양한 의견을 균형 있게 흡수하여 이쪽저쪽의 입장을 고려해야 한다. 그러면 이쪽에서는 왜 이런 생각을 하고 저쪽에서는 왜 그런 목소리가 나올 수밖에 없는지 배경을 이해하게 될 것이다.

비행기를 타고 하늘에서 우리가 사는 도시를 보면 너무나도 작게 보인다. 그 작은 지붕, 성냥갑 같은 건물 안에서 우리는 우주를 짊어진 것처럼 무겁게 짐을 지고 살아간다. 세계에서 가장 키가 큰 '레드우드'라는 나무는 공룡시대부터 오늘날까지 살고 있다. 레드우드는 키가 100m 이상 자란다. 하지만 나무가 자라는 토양은 암반이 낮게 깔려 있어 뿌리가 3m 이상 토양 속으로 깊게 내려가지 못한다고 한다. 이런 환경에서 100m가 넘는 나무가 어떻게 바람에 쓰러지지 않고 꼿꼿이 서 있을 수 있을까. 그 비결은 땅속에서 레드우드 뿌리가 서로를 잡고 있기 때문에 바람에 쓰러지지 않고 견딜 수 있는 것이다. **레드우드가 자라는 숲 전체는 이 나무의 뿌리가 서로 연결되어 서로에게 버팀목이 되어준다.** 사회나 조직도 마찬가지다. 혼자서는 풍파에 맞서기 어렵다. 하지만 서로가 서로를 의지한 채 버팀목이 되어준다면 어려운 시련도 이겨낼 수 있다.

리더가 자기주장만 옳다고 하면 상대가 들어올 틈이 없다. 리더는 자신만의 완고한 성을 쌓기보다 조직이 조화를 이룰 수 있도록 해야 한다. 그래서 서로가 버팀목이 되어줄 수 있는 환경을 만드는 사람이 되어야 한다.

디지털 환경의 소통 방법에 익숙해야 한다

스마트폰이 처음 나왔을 때 카페에서 사람들이 마주 앉아 각자의 스마트폰만 보고 있는 모습이 낯설었다. 스마트폰만 보고 있으려면 왜 만나는지 의문이 들었다. 걸어가면서 혼자 말하는 것도 제정신이 아닌 사람으로 비쳤다. 하지만 이런 모습은 이제 일상이 되었다. 혼자 걸어가면서 말을 해도, 카페에서 각자의 스마트폰만 보고 있어도 자연스럽게 보인다. 언제부터인가 사람과 사람이 마주 앉아 대화하는 시간보다 핸드폰과 마주 보는 시간이 많아졌다. 젊은 세대가 하루에 스마트폰 화면을 올리고 내리는 데 사용하는 손가락 왕복운동의 길이가 9m나 된다는 조사 결과도 있다. 스마트폰이 활성화되기 전인 2007년, 미국 사람이 하루 평균 전화기를 사용한 시간은 20분도 채 되지 않았다고 한다. 하지만 10년이 지난 2017년에는 10배 이상 늘어난 4시간 정도 스마트폰을 쓰는 것으로 조사됐다. 이와 같은 영향으로 우리의 생활, 관심, 취향, 거래, 공감은 디지털 세계에서 실시간 공유된다. 현대사회는 사람과 사람이 말하는 것보다 사람과 기계가 소통하는 시간이 길어졌다. 혼자 있을 때 스마트폰을 보면서 이것저것 누르다 보면 어느새 시간이 훌쩍 지나가 버린 것을 알 수 있다. 이처럼 스마트폰은 타임머신과 같다. 하지만 이런 디지털 환경은 쉽고, 재밌고, 편할 순 있어도 사람과 사람 사이를 따뜻하게 이어주지는 못한다. 그동안 사람들이 대면해야만 일 처리가 되었던 쇼핑, 은행, 티켓 구매 등의 일상은 이제 인터넷 온라인으로 들어가 비대면으로 전환되었다. 비대면 인터넷은 우리의 생활을 편리하게 하지만 그만큼 사람 간의 관계 맺기를 방해한다.

인터넷으로 인해 우리의 감정이 얼마나 편협해졌는지 생각해 봐야 한다. 컴퓨터 프로그램의 버그처럼 가상의 공간은 우리의 감정에 버그를 놓아 현실을 왜곡하거나 변질시킬 우려가 있다. 미국에서 대학생을 대상으로 공감 성향의 추이를 분석한 결과, 과거 30년 전보다 인터넷 세대로 불리는 요즘 학생들의 공감 능력이 75% 떨어졌다고 한다. 현대에는 외로운데 외롭게 보이지 않으려고 안간힘을 쓰는 사람이 많아졌다. SNS에 사진을 올려서 나를 뽐내고 잘 지내고 있다는 티를 내지만 정작 그 사진만큼 잘 사는지는 의문이다.

집에 있어도 스마트폰을 놓지 못한다. 스마트폰을 놓지 못하는 것은 습관인 것 같다. 스마트폰을 보다 보면 재밌을 때도 있지만 공허하기도 하다. 위로를 받기보다 시간을 때우는 느낌이다. 온라인으로는 서로가 친한데 오프라인에서 만나면 그렇지 않다. 회사에서 업무와 관련하여 동료에게 이메일을 보내면서 안부도 묻고 친절한 메시지도 보내지만, 막상 오프라인에서 만나면 무슨 말을 해야 할지 서먹할 때가 많다. 온라인상에서는 익숙한데 만나면 아예 얼굴도 못 알아보는 경우도 있다. 이름과 얼굴이 매칭이 안 되기 때문이다.

내가 보는 정보와 내가 듣는 정보는 나의 사고방식에 영향을 준다. 이 정보들은 내 판단에 영향을 미친다. 우리는 사물을 있는 그대로 본다고 생각하지만 이는 착각이다. 내가 보는 사물은 나의 사고방식이라는 프리즘을 통해 굴절된 것이다. "우리는 사물을 있는 그대로 보지 않고 자기 상황과 형편에 따라 달리 본다." 아나이스 닌Anais Nin 작가의 말이다. 사람마다 보는 소실점이 다르다. 똑같은 사물을 보더라도 어떤 사람은 정면에서, 어떤 사람은 옆에서, 어떤 사람은 위 또는 아래에서 본다. 사람마다 보는 각도와 위치가 다르기 때문에 동일한 사물을 다른 모양으로 보게 된다. 이처럼 우리는 서로 다른 기준을 가지고 사고하기 때문에 서로 다른 가치관으로 대립하고 공감하지 못한다. **우리는 각자가 가진 정보와 경험으로 점철된 고정관념으로 세상을 바라본다.** 그래서 똑같은 사물, 똑같은 현황을 경험해도 각자의 색깔에 따라 빨강, 주황, 노랑, 초록 등으로 다양한 색깔을 만들어낸다. 이런 사실만 인지해도 남을 대할 때 편향된 시각에서 조금은 멀어질 수 있다. 고정관념은 누구나 가지고 있다. 나이가 많을수록, 많이 배울수록, 직급이 높을수록 고정관념은 더욱 편향될 확률이 높다. 그만큼 자기와 관련된 정보에 노출된 시간이 많았기 때문이다.

현대의 리더는 디지털 환경과 소통하는 방법에 익숙해져야 한다. 그래야 디지털 환경에 익숙한 구성원들의 시각을 이해하는 데 도움이 된다. 세대 차이는 이런 디지털 환경을 이해하고 공감하는 차이라고 해도 크게 틀린 말이 아니다. 기성세대는 낯설고 능숙하게 다루지는 못하더라도 젊은 세대와 소통하고 공감하는 데 필요한 디지털 환경을 이해할 수 있어야 한다. 디지털 환경은 기성세대에게는 불편하고 장벽이 될 수 있지만 젊은 구성원과 소통하는 터널이라는 생각을 가지고 디지털 환경에 친숙해져야 한다.

눈높이를 낮추고 상대의 과정을 이해하라

요즈음은 사람의 개입 없이 처리할 수 있는 일들이 증가하고 있다. 사람과 사람이 대면으로 처리해야 했던 일들이 비대면으로 바뀌고 있다. 온라인으로 필요한 것을 주문하면 현관 앞에 놓고 간다. 마트에서도 스스로 계산해야 한다. 프랜차이즈점에서는 직원에게 주문하는 것이 아니라 키오스크에서 주문하는 것이 일반화되었다. 햄버거 가게에서 햄버거 하나 사고 나오는 데 대화는 필요 없다. 기계는 인간처럼 공감하지 못한다. 정해진 프로세스에서 인풋과 아웃풋만 있을 뿐이다.

요즘 외국의 정신과 병원에서는 챗GPT를 이용한 상담이 늘고 있다고 한다. 인공지능이 외로움이나 어려움을 겪는 사람을 어느 정도 도울 수는 있겠지만 인공지능이 아무리 발전해도 인간의 진심을 대신할 순 없을 것이다. 인공지능이 공감한다는 것은 짜인 프로그래밍에 의한 언어를 쏟아낼 뿐이다.

디지털 공간에서는 이분법적 사고를 강요한다. 찬성과 반대, 좋고 나쁨, 동의와 비동의로 판단을 강요한다. 디지털 공간을 통해 교류하는 사회일수록 공감의 수준이 낮다. 사람의 대면 만남은 오감을 통해 공감한다. 하지만 디지털 공간에서는 같은 관심, 같은 사상 등의 분류를 통해 내 편과 적을 구분하여 공감 또는 공격한다.

어려운 처지에 있는 사람들을 더욱 힘들게 하는 것은 그 처지를 공감해 줄 수 있는 사람이 없는 경우다. 공감받지 못하면 세상에서 잊히거나 닫힌 삶을 살게 된다. 정년퇴직 후 견디기 힘든 일 중 하나는 주변의 관심이 줄어드는 일이다. 일을 잘하건 못하건 나의 존재를 확인할 수 있는 분위기에서 수십 년간 살아왔지만, 정년퇴직은 이제 내가 관심을 가져야 할 일, 관심을 가져야 할 사람으로부터 완전히 분리되었다는 소외감을 느끼게 한다.

사람들이 듣고 싶은 말은 결과보다 겪은 과정을 이해해 주는 말이다. 결과보다 원인에 초점을 맞추고 원인을 공감하고 이해해 주는 말이다. 주변에 사람이 많더라도 이런 말을 해줄 수 있는 사람은 손으로 꼽을 정도로 드물다. 하지만 과정을 이해해 주고 원인을 공감해 주는 이들은 내가 겪는 역경이나 고통이 나를 얼마나 힘들게 하는지 가늠할 수 있는 사람들이다. 이들은 건성으로 듣기 좋은 말을 내뱉지 않는다. 나의 과정을 이해해 주는 한마디의 말은 겉만 떠도는 백 마디의 말보다 낫다.

우리는 어느새 사람보다 기계와 상대하는 시간이 더 많고 익숙해졌다. 그래서 사람과 대면하는 것이 어색하다. 현대사회에서 우리가 접하는 사건 사고는 대부분 공감이라는 단어가 사라진 결과에서 비롯되었다고 해도 과언이 아닐 것이다. 공감이 사라진 공간에 무엇이 남을지 추측하기 어렵다. 인간에게 가장 필요한 공감 능력이 점점 소멸되어 갈 때 어떤 증상이 나타날지는 아무도 모른다. 언젠가는 내가 받고 싶은 공감을 AI에게 물어

봐야 할지도 모르겠다.

현대의 사회 및 조직에서 대화가 줄어드는 것은 그만큼 공감의 과정이 생략된다는 것이다. 기계와 소통하면 공감은 생략하고 최소화된 절차만 따르면 된다. 리더는 구성원에게 키오스크처럼 'Yes' 아니면 'No' 버튼을 누르라고 강요하는 사람이 아니다. 리더는 구성원에게 'Why'와 'How'를 되새기게 하는 사람이다. 구성원에게 동기와 의욕을 불러일으키고 영감을 불어넣는 사람이다. 얽힌 문제의 실마리를 던져주고 더 나은 대안을 제시해 주는 사람이다. 디지털 화면이나 기계음보다는 육성으로, 몸짓으로 그렇게 하는 사람이 리더다.

비대면 디지털 시대의 소외된 구성원을 품어라

아파트에 살다 보면 옆집 사람을 보는 것보다 옆집 현관문 앞에 놓인 택배 물건을 더 많이 본다. 옆집에 누가 사는지 이사 온 지 몇 년이 지나도 모르는 경우도 있다. 직장 동료들은 퇴근하고 회사 문을 나서면 남이다. 스마트폰을 뒤져 연락할 상대를 찾지만 망설여진다. 스마트폰에 있는 번호는 업무와 연관된 사람이 대부분이다.

문제가 생겼다면 문제의 상대와 해결하는 것이 제일 좋은 약이다. 그러나 쉽지 않다. 상대가 나보다 우월적 지위에 있는 경우 문제를 제기하기 어렵다. 또 알량한 자존심 때문에 상대에게 내 문제를 드러내지 못하기도 한다. 그래서 그냥 혼자 체념하고 위로하고 만다. 많은 사람이 위로가 필요한 시기에 적절한 위로 대신 혼자서 괜찮다고 자위하며 넘긴다.

요즘은 1인 가구 세대가 많아졌다. 혼자 사는 것은 편하기도 하지만 외로울 때도 있다. 퇴근하고 집에 돌아오면 나를 반기는 것은 어두운 적막뿐이다. 하나둘 점등하면 아침에 내가 어지럽힌 물건들만이 나를 반긴다. 내가 치우지 않으면 어느 것 하나 제자리에 있지 않다. 집은 적막이 흐른다. 그나마 TV를 켜면 적막은 뒤로 물러나지만 여전히 혼자다. 혼자 훌쩍 떠나고 싶은 마음도 있지만 망설여진다. 도시는 사람들로 넘치지만 그 안에서 사는 사람은 각자 고립되는 듯하다. 마음 편히 이야기 나눌 사람을 찾기도 힘들다. 누구와 따뜻한 차 한 잔 함께하고 싶고, 누군가에게 따뜻한 말을 건네고 싶은 생각이 들기도 한다. 특히 몸이 아플 때는 외로움을 많이 느낀다. 평소처럼 스마트폰, TV를 보지만 이내 귀찮아지고 그냥 쉬고 싶다. 적막한 공간에서 혼자 누워 있으려니 뭔가 소외된 느낌이 든다. 외로움은 건강에도 좋지 않다. 혼자 있으면 여럿이 있을 때보다 활력이 떨어진다. 그래서 먹는 것도 시원치 않다. 밥 생각이 없으면 그냥 건너뛴다. 식사 시간도 규칙적이지 않다. 하지만 요즘 세대는 공감과 멀어지는 환경을 선호하는 것 같기도 하다. 혼자 있는 시간을 좋아하고, 대면 접촉 대신 비대면 접촉으로 혼자 일을 해결하려고 한다. 아마 다음 세대는 공감이라는 단어가 어떤 것인지도 모르는 세대가 될 수도 있을 것 같다.

인간은 사회적 동물이라는 말을 들어왔다. 인류는 나약한 존재기 때문에 오래전부터 모여 살았다. 그래서 사냥을 나갈 때도 맹수와 맞설 때도 군집을 형성해야 했다. 그래야 약한 종이 살아남을 수 있었기 때문이다. 이것이 우리의 유전자에 깊이 박혀 있다. 외로움을 기피하는 것은 인간의 본성이다. 그런데 산업화 시대를 거쳐 4차 산업 시대가 도래하면서 집단보다는 개인 체제로 접어들고 있다.

우리 사회에서는 언제부터인가 '함께'보다는 '혼자'만의 삶이 조명을 받고 있다. 그리 멀지 않은 조상님들은 한 마당에 팔촌이 함께 뛰놀며 자랐다고 한다. 하지만 요즘은 1인 가구가 부쩍 늘어났다. TV의 예능 프로그램에도 1인 가구에 대한 얘기가 많다. 아무에게도 구속받지 않고 혼자만의 자유로운 삶을 추구하는 젊은이가 늘고 있다. 그렇더라도 사회는 어쩔 수 없이 인간 대 인간이 접촉해야만 하는 접점이 어딘가에는 있다. 직장, 식당, 전철, 오프라인 가게가 그렇다. 사람과 사람이 만나는 접점의 빈도와 시간이 점차 줄어들더라도 좁은 삶의 울타리 속에 살면서 누군가와 마음을 나누고 싶을 때 무작정 전화할 수 있는 사람, 우정을 나눌 믿을 만한 사람을 네다섯 명 정도는 확보해 놓으면 좋을 것 같다.

비대면 디지털 시대에 소외감을 느끼는 구성원들이 의외로 많다. 조직의 리더라면 나의 시선과 관심이 당신과 멀리 떨어져 있지 않다는 표현을 해주는 것이 중요하다. 그렇지만 너무 지나친 표현이나 업무 시간 외 연락하는 것은 구성원이 부담을 느낄 수 있으므로 자제해야 한다. 리더가 구성원에게 연락하는 일을 꼭 업무와 연관 지을 필요는 없다. 예를 들면 구성원 생일이나 인사이동 때 관심을 가지고 간단한 문자, 이메일, 전화 한 통화라도 해주면 구성원 입장에서는 나를 기억해 주는 사람으로 각인될 것이다. 공감은 멀리 있지 않다. **멀리서도 나를 기억해 주는 리더의 사소한 행동 하나에도 구성원은 친근함을 느낄 것이다.**

얼굴보다 모니터가 편하다

요즘 사무실 책상에는 개인 모니터를 두세 개까지 놓는 경우가 많다. 이런 모니터는 때론 맞은편에 앉은 구성원의 얼굴을 보기 어렵게 하는 분리 장벽의 역할을 하기도 한다. 대화를 하려면 모니터 옆으로 머리를 내밀어야 한다. 또 가까이 있는 동료 간에도 음성으로 대화하기보다 SNS를 통해서 문자로 대화한다. 업무를 하다가 모니터에 대화창이 올라오면 대화한다. 점심 메뉴부터 업무 얘기까지 다양한 주제로 소리 없는 대화가 오고 간다. 소리 없는 대화는 퇴근해서도 마찬가지다.

우리는 언젠가부터 얼굴을 대하기보다 모니터를 더 많이 마주한다. 가능하면 주문도 앱으로 한다. 현관문 앞에는 사람은 없고 누군가 갖다 놓은 크고 작은 상자가 있다. 점점 사람 얼굴을 직접 대면하는 것이 어색하고 불편해졌다. 스마트폰이나 컴퓨터 모니터와 대면하는 것이 마음 편하다.

내가 필요로 하는 것을 화면의 앱에서 찾으면 되는 환경이다. 디지털 공간에서는 필요하면 찾고, 필요 없으면 닫아버리고 순식간에 다른 곳으로 이동하면 그만이다. 그러나 사람을 대할 땐 내 마음대로 할 수 없다. 때론 상대방이 하는 말을 들어주어야 하고, 상대가 필요로 하는 말을 해줘야 한다. 디지털 커뮤니티는 인간 대 인간이라는 전통적인 활동을 무너뜨리고 인간이 살아가는 관계의 구조를 바꾸고 있다. 사람과 사람의 접촉을 통해 알게 모르게 공감을 쌓는 세상과 점점 멀어지고 있다. 그래서 인간이 인간을 이해하는 것이 아니라 디지털이라는 매개물을 통해 디지털 특성에 맞게 공감을 형성하고 있다.

디지털 공감은 무차별적으로 대량의 정보를 제공함으로써 공감대를 자극하지만 이런 공감대는 무한하지 않기 때문에 관심이 집중되다가 어느 순간 무감각해진다. 이런 상황을 심리학에서는 '공감 피로compassion fatigue'라고 부른다. 현대인은 공감 피로로 인해 타인의 고통에 무감각해지고 있다. 한 조사에 따르면 미국인 10명 중 7명이 공감 피로를 경험했다고 한다. 또한 각종 사건 사고로부터 공감 피로를 경험한 사람이 40%에 달한다는 결과도 있다.

우리의 상황은 점점 인간과 접촉하는 시간이 줄고 모니터를 통한 디지털 환경에 노출되는 시간은 늘고 있다. 이렇게 디지털이 주는 자극에 노출되는 시간이 늘어날수록 우리는 점점 더 재밌고 더 큰 자극을 좇으며 인간과 인간을 잇는 따스함, 연대 의식, 정서적 안정감과는 멀어지게 된다.

사무실에서는 모니터가 인간의 따스함을 가로막는 분리 장벽일지 모른다. 디지털 커뮤니티가 대화의 일상이 되는 시대에 리더가 구성원과 대면의 기회를 가지려고 적극적으로 노력하지 않는 한, 구성원은 리더와 직접 대면하는 것을 점점 더 불편해할 것이다. 글로 표현할 수 없는 것이 공감이다. 모니터에 보이는 문자로 표현할 수 없는 것이 공감이다. **인간의 공감 센서는 매우 예민해서 말뿐만 아니라 숨소리, 손짓, 표정에서도 메시지를 읽을 수 있다.** 디지털의 매개물인 모니터의 문자는 아직까지 이런 것을 감지할 수 없다. 어떤 고성능 카메라도 인간의 내면에서 발산하는 공감의 기운을 읽어내지 못할 것이다. 리더라면 모니터만큼 대면하기 편한 사람이 되어주어야 한다.

아니 땐 굴뚝에 연기 날까

무기명 직장인 온라인 카페에 들어가면 익명으로 자기가 하고 싶은 말을 쏟아낸다. 여기에서는 마음에 담고 있는 얘기를 할 수 있다. 불만이 있거나 하고 싶은 말이 있을 때 여기에 글을 올릴 수 있기 때문에 직장인에게 인기가 높다. 무기명 온라인 카페와 같은 온라인 공간이 없다면 불만을 쏟아낼 곳 없는 사람은 답답함을 느낄 것이다. 민주주의 체제에서는 자기의 주장을 여러 수단을 통해서 표현할 수 있어야 한다. 또 다수의 의견을 수용하면서 소수의 의견도 존중해야 한다. 공개된 공간에서 자신의 의견을 모두 말하면 좋겠지만 그러긴 어렵다. 그래서 비공개 공간에서 하고 싶은 말을 더 많이 쏟아낸다. 삶을 살아가는 데 어느 정도 가려진 블라인드는 필요하다. 하지만 디지털 공간에서의 익명성은 타인에게 피해를 입히기도 한다. 온라인 커뮤니티는 사실을 왜곡하거나 검증되지 않은 주장을 퍼트려 사회 조직에 단층을 만들기도 한다. 익명성을 무기로 인간의 본성을 자극한 감정을 여과 없이 노출한다면 이는 상대를 해치는 무기와 같다.

현대에는 말로 사람을 해치는 것보다 디지털 공간에서 익명의 무기 뒤에 숨어 댓글로 타인을 해치는 경우가 더 많다. 디지털 공간에서 악플로 상대를 궁지로 몰고 피해를 입히는 경우를 종종 목격한다. 악플러들은 자신이 가지고 있는 불만과 불평을 거리낌 없이 디지털 공간에 풀어 놓는다. 이런 분노의 씨앗은 모방 심리를 갖게 하여 점점 더 퍼지고 부풀려진다.

가슴 속에 쌓인 것을 밖으로 날려버리고 싶지만 우리 주위에는 적당한 공간이 없다. 아무도 없는 바닷가에서 수평선을 바라보면서 하고 싶은 말을 큰 소리로 쏟아내면 한결 마음이 가벼워지려나. 산에 올라 멀리 허공을 보며 외치면 편해지려나. 저녁 회식 자리에 가면 왁자지껄 소란스럽다. 내 얘기를 쏟아내고 싶고 귀담아 들어줄 만한 사람이 있다면 한껏 얘기하고 싶다. 그래서 각자 하고 싶은 얘기를 꺼내놓고 성토한다.

유명 연예인이 힘들어하는 것 중 하나가 어딜 가나 주목을 받아 사생활이 침해당하는 것이라고 한다. 그래서 선글라스나 모자 등으로 자신의 얼굴을 가리기도 한다. 천주교에는 고백성사를 할 때 가림막이 있어 고백하는 사람의 얼굴을 가린다. 내 삶을 보호받기 위해서는 나만의 공간이 필요하다. 블라인드가 쳐져서 내가 하고 싶은 말을 할 수 있고 내가 하고 싶은 일을 할 수 있는, 방해받지 않는 공간이 필요하다.

익명성은 장단점을 모두 가지고 있다. 무기명 온라인 공간은 표현하고 싶지만 표현하지 못했던 마음을 쏟아낼 수 있는 공간, 배설하지 못했던 것을 배설함으로써 시원함을 느낄 수 있는 공간으로서의 기능을 제공한다. 하지만 익명성을 남용함으로써 갈등의 온상이 될 수 있고 당사자에게 엄청난 정신적 피해를 줄 수 있다는 것을 명확히 인지해야 한다.

리더는 구성원의 익명성을 보장해 주어야 한다. 설문 조사를 할 때도 익명으로 해야지 실명으로 하면 진실을 말하지 않을 수 있다. "모르는 것이 약이다."라는 말이 있다. 리더는 누가 무슨 말을 했는지 아는 것이 중요하지 않다. 리더가 알아야 할 것은 그 말이 나온 이유다. **"아니 땐 굴뚝에 연기 날까?"라는 말이 있듯이 겸손한 리더는 그 말이 나오게 된 이유를 들여다보고 개선하려고 노력하려는 자세를 가져야 한다.**

침묵의 공간

우리의 뇌에는 조상으로부터 물려받은 공감 센서가 있다. 그러나 요즘은 공감 센서가 잘 작동하지 않는 시대인 듯하다. 사회가 병들고 아파하는 것은 공감 문화가 쇠퇴했기 때문이다. 편지나 엽서를 쓰던 시절에는 공감은 시각으로도 반응했다. 엽서나 편지에 정성 들여 쓴 글과 글씨이 특유의 글씨체만 봐도 반가운 마음이 들었다. 그러나 현대의 정형화된 컴퓨터 서체에서는 정감과 공감을 느끼기 어렵다.

디지털 공감은 전염성이 강하지만 휘발성도 강하다. 맞닥뜨리는 정보가 많기 때문에 특별한 이슈가 아니고서는 쉽게 잊힌다. 댓글로 잠시 공감하더라도 금세 잊힌다. 지금 시대에 소통은 인간 대 인간보다 인간 대 소프트웨어 프로그램이 더 많이 하고 있다.

리더도 구성원을 불러서 업무를 지시하기보다 메일로 업무를 지시하는 것에 익숙해졌다. 구성원과 멀리 떨어져 있어서 그런 것이 아니라 바로 앞에 있는 구성원에게도 메일로 업무 지시를 한다. 구성원도 마찬가지다. 리더가 바로 앞에 있는데도 업무 보고를 구두로 하지 않고 메일로 한다. 구성원의 성향에 따라서는 메일로 업무 보고서를 보내놓고 보냈다고 친절히 얘기해 주는 구성원이 있는가 하면 아예 그런 얘기조차 하지 않는 구성원도 있다.

사무실은 어느새 침묵의 공간이 되었다. 소리라곤 컴퓨터 자판을 두드리거나 프린트에서 종이가 출력되어 나오는 백색소음 정도다. 구성원 간 업무 얘기는 말보다는 문자를 통해 소통한다. 조직에서 회의 등의 알림도

팀즈나 단톡을 만들어 공지한다. 사무실은 침묵이 흐르지만 디지털 공간에서는 주고받는 메시지가 넘쳐난다. 경조가 있어도 SNS로 공감을 주고받지 전화 한 통 하기도 쉽지 않다. 직접 방문하여 축하하고 위로하기보다 계좌 이체로 대신한다. 조금 더 정성 들이는 것이 각종 이모티콘으로 공감을 표현하는 것이다.

어떤 기업 연구소는 전일제 재택근무를 하고 한 달에 한 번 정도 모여서 회의를 한다고 한다. 구성원들의 근무시간, 근무 장소는 자율이다. 하지만 팀원이 많은 경우 팀장은 팀원의 얼굴도 잘 기억하지 못한다. 팀장은 반기별로 팀원을 평가하는 데 어려움을 겪는다고 한다.

디지털 공간은 시간과 공간에 제약을 받지 않고 세상 사람들과 실시간 연결되어 있어 편리하다. 또 현실과 가상 세계의 갭은 점차 줄어들어 현실에서 만족하지 못한 즐거움을 가상의 현실 속에서 찾기도 한다. 공감하는 데 필요한 인간의 오감은 그 영역이 점자 줄어들고 있는 듯하다. 인간의 정서적, 감성적 공감은 디지털상에서 이루어지는 디지털 공감으로 변하고 있다.

디지털 시대에 접어들면서 다른 사람의 입장을 이해하는 공감 능력이 75% 떨어졌다는 연구 결과가 있다. 디지털은 빠르고 편하지만 진정성을 느끼기에는 분명 한계가 있다. 구성원의 고민을 이해하고 화합을 이끄는 리더의 공감은 모니터를 통해서는 그 가치가 바랜다. **쉽고 빠르게 한 모니터 공감은 쉽고 빠르게 잊히기 마련이다.**

조직을 성공으로 이끄는 공감 리더십

1. 시련에 맞서려면 서로 버팀목이 되어줘라.
2. 기준이 다른 차이를 인정하라.
3. 결과보다 겪은 과정에 관심을 가져라.
4. 의견과 정보를 균형 있게 취득하라.
5. 공감은 디지털보다 인간성이 묻어나는 아날로그로 하라.

2장

'공감'이라는 백신이 필요한 순간

비 올 때 우산을 뺏지 말라는 말이 있다. 잘나갈 때 힘이 되는 사람보다 어려울 때 힘이 되는 사람을 잊지 못한다. '남의 삶에 햇살을 비추는 사람은 스스로 햇살을 받기 마련이다.'

이 순간 '있는 그대로' 충분하다

우리는 알게 모르게 다른 사람의 눈을 많이 의식한다. 그래서 더 힘들다. 남이 나를 어떻게 생각하는지가 내가 나를 바라보는 모습보다 더 크게 느껴진다. 남에게 인정받기 위해 성취를 한다고 자신을 압박한다. 이런 마음이 심할수록 자신을 채찍질하며 스트레스나 상처를 받는다. 사람들에게 인정받기를 원하는 것은 나의 존재를 인정받고 싶은 것이다. 그런데 자신은 인정받기 원하면서 남을 인정하는 건 왠지 손해 보는 느낌이다.

우리는 어느 정도 타인을 의식하며 살 수밖에 없다. 그렇지만 혹시 내가 나를 위해 사는 것이 아닌 타인의 니즈에 맞춰 나를 없애고 사는 것은 아닌지, 그래서 내 삶이 힘든 것은 아닌지 살펴봐야 한다. 지나치게 남의 눈을 의식하며 사는 것이 내가 원하는 삶은 아닐 것이다. 내 삶을 사랑하고 행복하게 가꾸는 방법의 시작은 자신이 바라보고 있는 곳이 어딘지 발견하는 것이다. 문제가 뭔지를 아는 것만으로도 해결의 실마리를 찾을 수 있다. 그다음 내 존재에 대한 물음, 내가 정말 하고 싶은 것, 내가 성취해야 하는 일에 대한 재검토가 필요하다. 내가 원하는 일을 하고 있는지 아니면 남에게 보이기 위한 일을 하고 있는지 생각해 봐야 한다. 내가 원하는 일이 아니라면 결국은 공허한 내 모습과 마주하게 될 수도 있다. 남의 인정을 구하는 욕망인 '인정 욕구'는 누구에게나 있다. 남을 의식하는 일을 함으로써 인정을 받으면 잠깐은 성취의 도파민을 맛볼 수 있을 것이다. 그러나 성취가 지나가고 나면 무기력에 빠지기 쉽다. 그래서 무기력을 채우기 위해 내가 원하는 일이 아닌 남에게 인정받는 또 다른 성취를 찾아다니는 사람이 된다. 하지만 타인의 시선은 내가 원하는 만큼 그렇게 호의적이지 않다. 나를 인정하기보단 내 실수나 허물을 들추길 더 즐긴다. 그럴 때 나는 동굴 속에 숨어 이 상황을 피하고 싶다.

타인은 나에게 그렇게 관심이 많지 않다. 타인의 눈길이 잠시 내게 머물지라도 "남의 염병이 내 고뿔만 못하다."라는 속담처럼 관심은 금세 사라진다. 내가 느끼는 타인의 시선이 10이라면 타인은 나에 대해 1도 생각하지 않는다. **잠시 스치는 타인의 시선에 내 마음을 내주지 말자. 남을 의식하지 말고 '나'를 바라봐야 한다.** 내가 성벽을 굳게 지키고 있으면 타인의 시선이 뚫고 들어오지 못한다. 나를 지키는 것은 나 자신뿐이다.

큰 난관에 부딪혔을 때 순간 아무 생각도 나지 않을 수 있다. 이러한 때는 잠시 여유를 가지고 사건과 떨어져 생각해 보는 것이 필요하다. 초조할 필요 없다. 긴장을 풀고 사건의 파도가 가라앉도록 잠시 기다려보자. 모든 파도에 맞서다가는 에너지가 금세 소진되어 결국 파도에 휩쓸리고 만다. 빈틈없이 행동해야 한다는 강박은 스스로를 갉아먹고 정작 중요한 것을 놓치게 한다. 파도가 거셀 때는 파도에 맞서기보다 파도에 몸을 맡기는 것도 방법이다. 모든 것이 나의 의지와 상관없이 흘러가겠지만 나는 큰 물줄기를 거스를 수 없다. 나는 미약하기 때문에 큰 흐름에 맞설 수 없다. 그럴 때는 그냥 받아들이자. 내 잘못이 아니다. 나는 바람을 일게 하는 능력도, 폭풍을 오게 할 수도 없다. 폭풍이 지나가기만 기다릴 뿐이다.

통제할 수 없는 상황이 닥치면 사람은 무기력해진다. 내 힘으로 상황을 조절할 수 없다는 자신감의 포기는 사람을 무기력하게 만든다. 이럴 때 할 수 있는 것은 상황에 몸을 맡기면서 '작은 변화'를 주는 것이다. 무작정 지하철을 타고 어디로 가는 것도 방법이다. 고궁이나 공원에 들러 잠시 휴식을 취하는 것도 생각을 정리하는 데 도움이 된다. 서점에 가서 눈에 들어오는 책을 뒤적여도 좋다. 내가 통제할 수 있는 것은 나에게 주어진 시간과 상황을 객관적으로 바라보려 애쓰는 노력 정도이다. 『일류의 조건』을 저술한 동경대 교수 사이토 다카시는 일류가 되는 첫 번째 조건은 '요약하는 힘'이라고 했다. "혼돈 상황이 닥쳐도 원인과 줄기를 찾아 상황을 요약하는 능력이 필요하다. 이를 위해서는 상황을 작은 규모로 세분화하여 쪼개어 보는 훈련이 필요하다." 괴테의 말이다.

무기력해지면 의욕도 사라진다. 식욕이 떨어지고 잠도 설친다. 나름대로 최선을 다하고 있지만 남이 보기엔 생활에 질서를 잡지 못하는 듯이 보인다. 내가 그렇게 할 수밖에 없는 것은 마음에 감기가 걸렸기 때문이다. 감기에 걸리면 만사가 싫어진다. 감기약을 먹으면 내 의지와 상관없이 졸린다. 할 일이 많은데 손에 잡히지 않는다. 잠깐 틈새를 노려 힘을 내어보지만 다시 원위치가 된다. 이럴 때는 평소에 하고 싶었던 일 10개 정도를 작성해 보자. 이 중에서 지금 할 수 있는 일 한 가지를 해보는 것도 무기력에서 빠져나오는 데 도움이 될 것이다.

힘들 때는 가슴을 쭉 펴고 심호흡을 해보자. 숨을 길게 들이켜고 내뱉으면서 안정감을 찾아보자. 숨을 들이켤 때 "지금", 숨을 내뱉으면서 "이 순간은", 또다시 숨을 들이켜며 "있는 그대로", 다시 숨을 내뱉으며 "충분하다."라고 되뇌어 보자. 안정감이 찾아오지 않는다면 몇 번 더 해보자. 심리적 안정감을 찾는 데 효과적일 것이다. 남보다 내가 더 중요하다. 내가 나를 지키는 한 누구도 나를 넘어지게 할 수 없다. 당신은 있는 그대로 사람들에게 선물이다.

다름을 인정하며 성장하는 내면

우리는 갑질을 종종 경험한다. 갑질을 당해보지 않은 사람이 없을 정도로 갑질은 우리 사회에 만연해 있다. 모든 계약서는 상호 신뢰와 평등한 관계로 작성된다. 하지만 계약 당사자 간에는 갑과 을의 서열이 암묵적으로 존재한다. 갑질은 을을 생각하지 않고 공감하지 않는 데서 비롯된다. 계약 당사자 간에 갑은 을보다 우월적인 존재로 대우받기를 기대한다. 이런 기대가 지켜지지 않을 경우, 갑은 계약상 가진 대가나 보상, 평가에 권력을 남용하기도 한다. 대우받고 싶은 마음은 누구에게나 있다. 그런데 상대방을 대우해 주고 싶은 마음은 없으면서 나만 상대방이 대우해 주기를 바라는 데서 갑질은 시작된다. 상대방에 대한 배려나 공감 없이 자기가 받고 싶은 것만 생각하기 때문에 갑질이 생기는 것이다.

여러 번 갑질을 겪으면 마음에 굳은살이 박인다. 굳은살이 생겨 어느 정도 딱딱해지면 가시에 찔리더라도 아픔을 느끼지 못한다. 그래서 남들이 보기에 안쓰러워 보이지만 정작 본인은 아무렇지 않다. 두꺼워진 굳은살은 감각을 둔하게 만든다. 누구나 을의 위치에 있을 수 있다. 이런 을의 위치에서 갑질을 소화하려면 마음을 단단하게 단련하여 굳은살을 장착해야 한다.

타인으로부터 부당한 요구를 받는다면 일차적 원인은 상대방에게 있지만 그 부당한 요구를 어떻게 처리하느냐는 나의 몫이다. 나는 거절할 수도, 받아들일 수도 있는 자유가 있다. 나에게 닥치는 환경은 내가 온전히 조정하지 못한다. 다만 내가 어떻게 헤쳐 나가느냐는 나의 몫이다. 인생은 날줄과 씨줄로 엮여 있다. 내가 할 수 있는 일이 날줄이라면 내 힘으로는 어떻게 할 수 없고 받아들여야만 하는 것이 씨줄이다. 날줄과 씨줄이 한 줄씩 교차하면서 인생이라는 천이 베틀에서 직조되고 있다.

갑질에 대한 위선은 휘발성이 강하다. 상황이나 조건이 바뀌면 갑을 외면한다. 갑질을 일삼는 사람은 응분의 대가를 받게 된다. 을은 자신이 받은 부당하다고 생각되는 갑질에 대해 주변에 부정적인 구전을 퍼뜨린다. 이런 구전은 돌고 돌아 갑질한 사람의 조직이나 상사의 귀에도 들어간다. 조직에서는 이렇게 평판이 좋지 않은 사람에게 중요한 일을 맡기길 꺼린다.

조직의 경쟁력은 구성원과 조화를 이루며 소통으로 협력을 이끌어 가는 것이 동력이다. 그런데 갑질을 일삼는 사람은 이런 자질이 없다고 봐야 한다. 갑질로 일시적인 만족감이나 승리감을 맛볼 수는 있겠지만 갑질로 인한 마이너스 영향력은 이에 비해 훨씬 크다. 소통과 협력은 순풍의 돛처럼 배의 균형을 잡아 안전하게 항해하게 하지만, 갑질은 역풍을 불러일으켜 순항하는 배를 위험에 빠뜨린다. 부처님의 가르침 중에 '원증회고怨憎會苦'란 말이 있다. 원증회고란 인간의 여덟 가지 고통 중 하나로 원수싫은 사람와 만날 수밖에 없는 괴로움을 말하는 것이다. 이는 인간이 세상에 태어난 이상 어쩔 수 없이 겪어야만 하는 고통 중 하나를 말하는 것으로, 성향이 맞지 않는 갑과 만나는 것도 여기에 속할 것이다.

나와 맞는 사람만 만나고 살 수 없는 것이 세상의 이치다. 그러니 맞지 않는 사람 때문에 괴로워하지 말고 내가 세상의 이치대로 잘 산다고 생각하면 조금은 마음이 편해질 것이다. 그러다 마음의 여유가 생기면 나와 다름을 인정해 보고, 다름이 인정되면 존중해 보면서 조금씩 내면의 성장을 이루어보자.

힘들 때는 하늘을 봐라

우리는 줌으로써 받는다는 것을 잊고 살아가기도 한다. 공감도 먼저 주어야 받을 수 있다. 우리는 문제 해결을 위한 도구를 갖고 있지 않다. 모든 문제를 해결해 주는 만병통치약 같은 것은 없다. 공감은 어떻게 상대를 받아들이고 이해하는가에 달려 있다. 자칫하면 공감한다면서 상대를 설득하고 자신의 말을 상대에게 주입하려 한다. 공감이 필요한 사람은 자신의 편에 서서 자신을 변호해 주거나 옹호해 줄 사람을 기다린다. 상대의 생각이나 주장보다 힘든 나의 처지를 이해하고 내 편이 되어주길 바란다.

우리는 받고 싶은 공감을 충분히 받지 못하고 살아간다. 그래서 혼자 훌쩍 여행이라도 떠나고 싶은 충동을 느낀다. 자연으로 떠나 시름을 잊고 돌아왔으면 좋겠다는 생각을 한다. 부딪치는 파도에 상처를 던져버리고 싶다. 높은 산에 올라 시름을 구름에 실어 멀리 보내고 싶은 마음이 간절하다. 일상에 얽매이다 눈을 들어 푸른 하늘을 보며 잠시 위로를 받기도 한다.

대학 시절 감전 사고로 두 다리와 한 팔을 절단한 밀러는 현실에 좌절하지 않고 캘리포니아 대학교 통증 완화 치료 전문의가 되었다. 고통을 체험하고 그 의미가 어떤 것인지 잘 알게 된 밀러는 삶에서 힘든 일이 있으면 하늘, 특히 밤하늘을 보라고 말한다. 독일어로 '하늘Himmel'이라는 단어는 우릴 덮어주는 '셔츠Hemd'라는 의미를 담고 있다고 한다. 힘들고 어려운 시기일수록 셔츠처럼 우리를 감싸고 보호하는 하늘을 바라보자. 울고 있는 어린아이에게 하늘을 보라고 하면 열이면 열 모두 울음을 그친다고 한다.

내가 받고 싶은 공감을 충분히 주는 이는 없다. 그래서 외톨이가 된 느낌을 받을 때가 많다. 사회에서 부딪치는 사람은 많지만 내 마음을 털어놓을 사람은 별로 없다. 공감은 저 멀리 있고 상처는 나와 늘 함께 있다.

어떤 공감을 원하는지는 사람마다 다르다. 젊은 사람과 나이 든 사람이 다르고, 상사와 부하 직원이 다르다. 여자와 남자도 차이가 있다. 남자는 객관적이고 신뢰성 있는 조언을 필요로 하고 신뢰성 있는 사람으로부터 조언을 들으면 감동한다. 하지만 여자에게 공감의 주체는 '나'이다. 문제 해결을 위한 객관적이고 신뢰성 있는 방법 제시가 우선순위가 아니다. 나와 떨어져 내 문제를 진단하고 판단하기를 원치 않는다. 여자에게 공감은 나의 마음을 알아주고 내 편이 되어주는 것이다. 문제 해결은 그다음이다. 사람들은 공정보다는 이해와 공감을 원한다. 객관적인 논리나 판정보다는 이해가 먼저다. 남녀가 다투는 것은 자신이 옳다는 판단의 잣대를 상대에게 적용하기 때문이다. 판단하기에 앞서 이해와 공감을 표시했다면 많은 다툼이 사라질 것이다.

공감은커녕 나 스스로가 다른 사람이 받고 싶어 하는 공감을 깨는 당사자가 되는 경우도 종종 있다. 누군가를 공감하기 위해서는 마음을 비워야 한다. **꽉 찬 마음에는 상대의 마음을 얹을 빈 선반이 없다. 그래서 공감은 겸손한 사람만이 할 수 있다.** 교만한 사람은 상대의 처지를 이해하지 못하고 비난한다. 겸손한 사람만이 진심으로 상대를 이해하고 공감할 수 있다. 앞에 있는 사람이 행복해지기를 딱 10초 동안 진심으로 소원해 보라. 공감이 문을 두드릴 것이다. 공감은 타인의 고통에 관심을 가지고 그 고통에서 벗어나게 해주고픈 배려와 같다. 사고 싶은 옷은 사 입을 수 있지만 받고 싶은 공감은 살 수 없다. 공감이라는 내게 맞는 옷을 입혀줄 사람이 곁에 있다면 인생은 봄바람처럼 따뜻하게 느껴질 것이다. 타인의 삶을 공감하고 이로움을 주는 사람은 자신도 모르게 어느새 주변에 따스한 공기가 가득함을 느낄 수 있을 것이다.

나쁜 감정 휴지통에 버리기

입이 간지러울 때가 있다. 속에 있는 말을 거침없이 쏟아내야 마음이 풀릴 것 같다. 내 속이 얼마나 부글거리고 힘든지 상대에게 알려야 하기 때문이다. 그래서 상대가 거북할 것을 뻔히 알면서도 듣기 싫은 소리를 한다. 상대방을 위해서 하는 말이기보다 내 스트레스를 풀기 위해서 하는 말이다. 그렇게 하면 내 속상한 마음이 일시적으로 풀어지고 내 감정이 전달될 것 같다. 그래서 내질렀는데 왜 마음이 불편할까. 차라리 삭였으면 더 나을 뻔했다는 후회가 든다. 가까운 관계일수록 내 속상한 감정을 쏟아내기 쉽다. 부모와 자식, 남편과 아내, 친한 친구 사이에서 더 편하게 내 감정의 쓰레기가 배출된다. 하지만 이런 말을 한 후 내가 더 상처를 받는다. 상대 또한 내 말에 확성기가 달린 것처럼 말을 증폭해서 듣는다. 같은 말이라도 민감한 상태에 있는 사람의 마음 상태에 따라 반응이 사뭇 다르다. 상대가 민감한 상태인 줄 모르고 말했는데 상대의 반응을 보고 새삼 놀라기도 한다. 평소와 비슷한 어투와 내용으로 말해도 평상시와 다르게 반응한다. 굳이 하지 않아도 되는 말을 함으로써 그 말로 인해 손해는 내가 더 많이 본다. "내가 말하지 않은 것 때문에 상처받은 적은 한 번도 없다." 정치인이 캘빈 쿨리지Calvin Coolidge의 말이다.

감정은 비누 거품처럼 쉽게 부풀어 오르고 쉽게 가라앉는다. 하루에도 몇 번씩 감정의 사다리를 오르내린다. 아침에 먹은 마음과 저녁에 먹은 마음이 다르다. 아니 저녁까지 가지도 않아 점심이 되기 전에도 흐트러질 때도 있다. 내 마음이라도 한 치 앞을 볼 수 없다. 그래서 인간의 마음은 갈대와 같다고 했다. "감정은 오래전에 형성된 본능이다." 심리학자 윌리엄 맥두걸의 말이다. 그는 무릎관절의 반사작용이 우리의 선택이 아니듯이 우리가 느끼는 감정인 공포, 분노, 욕망도 선택에 의해 결정되는 것이 아니라고 했다.

우리는 일상에서 감정이라는 '불타는 가시덤불'을 만나 자신도 모르게 감정의 발자국을 남긴다. 분노가 생기면 자신도 모르게 화를 내거나 복수하려는 생각이 든다. 안타깝지만 이러한 생각은 너무나 인간적이다. 감정을 극복하기 힘들면 감정의 골목을 우회해야 한다. 흥분한 마음을 가라앉히려면 시간이 필요하다. 가장 좋은 약은 시간이다. 시간은 감정을 무디게 하고 잊히게 한다. 하룻밤 자고 나면 조금 나아지고, 그렇게 한두 주 정도만 참으면 편해진다. 시간은 바위도 부스러기로 만든다. 정말 어려운 현실이 닥쳤을 때, 극복할 수 있는 한계를 넘어설 때 거대한 파도에 맞서 싸우기보다 파도를 스쳐 지나가자. 시간이 지나면 거센 파도도 물거품으로 변한다.

가라앉은 마음을 끌어올리려면 촉매가 필요하다. 퇴근 후 따뜻한 물로 샤워를 하는 것도 좋은 방법이다. 시간이 된다면 잠을 좀 자는 것도 좋다.

사람에 따라 민감한 상태가 지속되는 시간은 다르지만, 그래도 시간이 지나면 민감한 상태는 조금씩 하향 곡선을 그린다. **민감한 상태를 회복하는 데 가장 좋은 방법은 빨리 잊어버리는 환경을 만드는 것이다.** 예를 들어 교통법규 위반으로 벌금 고지서가 나왔다면 벌금 납부 기한이 멀더라도 하루라도 빨리 벌금을 내고 고지서를 휴지통에 버리고 잊어버리는 것이다.

듣는 것이 공감이다

상처를 받는 통로는 상대방의 입을 통해서다. 상대방의 입을 통해서 나온 말은 귀로 들어온다. "말은 사람을 살리기도 하고 죽이기도 한다.", "말 한마디로 천 냥 빚을 갚는다.", "가는 말이 고와야 오는 말이 곱다." 등 말에 대한 속담이 많다. 말은 소리라서 온도를 잴 수 없다. 그런데 우리는 '따뜻한 말 한마디'라는 표현을 쓴다. 이는 몸이 온도에 가장 민감하게 반응하기 때문에 민감한 말의 중요성을 강조하기 위함이 아닐까 생각해 본다.

옛말에 "가는 말이 고와야 오는 말이 곱다."라는 말이 있다. 가는 말이 곱지 않은데 오는 말이 곱기를 기대하는 것은 어불성설이다. "되로 주고 말로 받는다."라는 표현도 있다. 곱지 않은 말이 나가서 그 말에 더해진 더 곱지 않은 말이 돌아온다는 뜻이다. 사람은 뭔가를 받으면 반응하게 되어 있다. 자기가 누군가로부터 공격을 받았거나 상처를 받았다면 되돌려주고 싶은 심정은 자연스러운 반응이다. 그래야 기분이 풀릴 것 같다. 우리 몸은 용수철을 닮았다. 잡아당기면 원래대로 돌아가려는 기질이 있다. 뭔가에 짓눌리면 제자리로 돌아가고픈 심정이 있다. 제자리로 돌아가지 못하면 제자리로 돌아가고픈 압력을 견디어야 한다. 그렇기 때문에 몸과 마음이 힘들다. 가만히 있어도 체력이 고갈되고 입술이 타들어 가고 마음의 여유라는 여백이 없어진다. 권투경기에서 약한 펀치도 계속해서 맞으면 피로가 누적된다. 경기 후반으로 갈수록 누적된 피로로 동작이 둔해지고 경기에 집중하기 힘들어진다. 그러다가 결국 작은 펀치를 맞고도 다운되어 경기가 끝나는 경우가 있다.

우리는 말로 용서를 청하고 말로 소원을 빈다. 말로 감사를 표현하고 불평을 하기도 한다. 말을 만들어내는 혀가 어떤 때는 상대에게 치명적인 상처를 주는 도구로 전락할 수도 있다. 옛말에 "혀 아래 도끼 들었다."라는 표현이 있다. 도끼는 스치기만 해도 상처가 난다. 도끼에 베인 상처는 쉽게 낫지 않는다. 도끼의 날은 아픈 곳을 찍어내려 더 깊은 상처를 남긴다. 나를 잘 모르는 사람보다 나를 잘 아는 사람이 나의 약점을 더 잘 안다. 나는 약점을 감추지도 못하고 드러내놓고 방어하기 때문에 쉽게 공격을 허용한다. 스페인 격언에 "화살은 심장을 관통하고, 매정한 말은 영혼을 관통한다."는 표현이 있다. 공감이 필요한 사람에게 매정한 말 한마디는 깊은 상처가 된다. 면역력이 약해지면 세균에 쉽게 감염된다. 세균은 번식하여 면역력이 약한 사람의 몸에 더 큰 대미지를 준다. 공감이 필요한 사람일수록 채로 거르지 않은 거친 알갱이들이 속속들이 마음속으로 파고든다.

사람들이 하는 대부분의 말은 깊은 생각 없이 반사적으로 나오는 말이다. 어떤 때는 생각보다 감정이 우선하여 말을 한다. 말이 한 번 나오면 다음 말은 이와 연관해서 강도가 더해진 형태로 뒤따라 나온다. 말을 멈추고 싶지만 제대로 되지 않는다. 내가 말을 컨트롤하는 것이 아니라 감정이 나를 지배한다. 그렇게 되면 사태는 불붙은 산처럼 걷잡을 수 없게 커진다. 이때는 우선 말을 멈추어야 한다. 아무리 옳은 말이라도 일단 멈추어야 한다. 그리고 그 자리를 빠져나와야 한다. 집 안이라면 집 밖으로 나와서 조금이라도 걸어보자. 거리에는 화난 얼굴로 돌아다니는 사람은 거의 없다. 집에서 아무리 부부 싸움을 했어도 그 상태의 얼굴로 회사 생활을 하는 사람은 없다. 일단 대중 앞으로 나오면 자신의 상태를 감추게 되기 때문에 어느 정도 화가 누그러질 것이다.

상대를 공격하는 말은 부메랑이 되어 되돌아오는 경우가 많다. 그래서 남의 험담도 조심해야 한다. 험담은 말하는 사람, 듣는 사람, 험담의 대상 모두를 망가뜨린다. 우리는 귀로 들은 내용을 말로 표현하려 한다. 귀로 들은 입력을 입을 통해 출력한다. 귀로 듣는 입력이 좋으면 입을 통해 나오는 출력도 좋다. 가정에서 주고받는 언어를 연구한 워싱턴주립대 가트먼 교수는 35년 동안 3,000쌍의 부부가 주고받은 대화를 연구했다. 가트먼 교수는 '부부 사이의 대화를 3분만 들어보면 이혼 여부를 94% 예측

할 수 있다.'고 확신했다. 안정되고 행복한 부부들은 긍정과 부정의 언어를 사용하는 비율이 5:1 양상을 보인다고 했다. 가트먼 비율이다. 공감하는 데에는 시각과 청각이 동시에 작용한다. 표정도 중요하지만 말의 톤도 중요하다. 진지하게 하는 말과 건성으로 하는 말은 확연히 구분된다. **듣는 두 귀의 모양을 하나로 합치면 사랑을 상징하는 하트 모양이 된다. 듣는 것이 공감이다.**

자기 결점 수용하기

전적으로 사람을 믿는 것은 또 다른 상처를 만들 요지가 된다. 살다 보면 어제의 적이 오늘의 친구가 되기도 한다. 반대로 어제의 친구가 오늘의 적이 되는 경우도 있다. 국제 관계도 그렇고 사업을 하는 경우라면 더욱 그런 상황이 많이 발생한다. 상황에 따라 유불리가 달라지고 나에게 도움이 되는 방향으로 움직이는 것이 세상의 이치다. 자신이 손해를 보면서까지 우정과 신의를 지키는 경우는 드물다. 그래서 옛말에 어려울 때 진정한 친구를 알아볼 수 있다고 했다. 어려울 때 신의를 지킨 친구가 진짜 친구이고 동료다. 남 탓하기 전에 인간은 나약한 존재라는 것을 인식해야 한다. 약속도 상황에 따라 깨질 수 있다. 동료애도 마찬가지다. 사람이 나쁜 것이 아니라 상황이 그렇게 만든 것으로 이해해야 한다. 인간은 나약하기 때문에 위기 상황이나 자신이 불리한 상황에서는 언제라도 입장이 바뀔 수 있다는 것을 염두에 두어야 한다. 여기에는 나도 예외가 아니라는 사실을 인정할 필요가 있다. 사람에 대해 실망하지 않으려면 평소 믿고 의지했던 사람이라도 상황에 따라 변할 수 있다는 여백을 남겨놓아야 한다.

상처를 받지 않기 위해 평소 마음의 준비를 하고 있더라도 항상 높은 경계심을 유지하기는 어렵다. 준비가 안 된 상태에서 공격을 받으면 제대로 방어하기 어렵다. 적은 항상 약한 틈을 타고 들어온다. 마음이 느슨해졌을 때 뚫고 들어온 부정적인 말은 소화하기 힘들다. 강도는 숨어 있다가 기습적으로 사람을 공격한다. 기습을 당하면 제대로 반격하기 어렵다. 공격을 잘 방어하려면 방어하는 자세가 중요하다. 균형을 잃으면 공격이 쉬울 뿐만 아니라 부상을 심하게 입을 수 있다.

우리는 누군가에게 상처를 주기도 하고 받기도 한다. 내가 받은 상처는 잘 기억하지만 남에게 준 상처는 기억하지 못한다. 살아가면서 남에게 절대 상처를 주지 않는 사람이 있을까. **나도 남에게 의도하든 의도치 않든 상처를 주고 있다는 사실을 깨달아야 한다.**

확고한 신념을 가지고 있다면 주변에서 뭐라 한들 '나'라는 배는 흔들리지 않는다. 바다에서 항해할 때 파도가 휘몰아쳐도 정확한 기상정보를 바탕으로 이러한 풍랑이 잠시 지나가는 바람이라는 정보를 가지고 있으면 당황하지 않는다. 즉 마음의 계기판이 정상적으로 작동해 주변의 위험을 알아차리고 대응하면서 이러한 상황이 나에게 별로 타격을 주지 않을 것이란 판단이 들면 마음이 받는 충격은 그리 크지 않을 것이다. 선장은 이런 정도의 풍랑으로는 절대 배가 가라앉지 않는다고 확신한다. 그러나 망망대해에서 조난을 당했는데 사방에서 먹구름이 밀려오고 강풍에 바다가 일렁이고 모든 계기판이 기능을 상실해 어떤 변화도 짐작할 수 없게 된다면 선장은 당황한다.

우리가 상처받는 이유 중에는 내가 틀렸을지도 모른다는 불확실성에 기인할 때가 있다. 상대가 나보다 더 현명하게 판단하고 내가 상대보다 부족해서 그런 것은 아닌지 의심하면 상처는 더 깊숙이 나에게 들어온다. 자신의 결점을 너그럽게 용서하려는 의지인 자기 자비self-compassion는 자신뿐만 아니라 타인을 이해하고 수용하는 데도 도움이 된다. 자기 자비가 부족한 사람은 인간관계에서 갈등을 불러일으키고 타협을 거부하고 양보하지 않으려는 경향을 보인다. 용서는 타인의 잘못을 잊거나 무마해 주는 것이 아니다. 용서는 잘못에 대한 자신의 대응을 바꾸는 것이다.

비 올 때 우산을 뺏지 말라

매일 만나는 사람은 할 말이 많아도 일 년에 한 번 만나는 사람은 얘기할 소재가 많지 않다. 공감하는 것이 없기 때문이다. 한 번 멀어지면 더 멀어지기 쉽다. 만남의 횟수는 중요하다. 매일 만나는 직장 동료는 공감할 거리가 많다. 상사 이야기, 프로젝트 이야기, 동료 이야기 등 소재가 무궁무진하다. 공감을 주고받는 것은 믿는 사람, 가까운 사람일 때 더 효과가 크다. 관계의 깊이가 공감의 깊이와 비례한다. 직장 상사에게 꾸지람을 듣는다면 가장 위로해 줄 수 있는 사람은 같은 부서 동료다. 같은 처지이고 상사가 어떤 사람인지 잘 알기 때문이다. 상사가 퇴근하면 동료끼리 모여 오늘 있었던 일을 마음 놓고 얘기한다. 이런 얘기를 하다 보면 홀가분한 기분마저 든다.

공감의 반대말은 공허일지도 모른다. 공허는 내 사람, 내 편이 되어줄 사람, 가까이서 나를 이해해 줄 사람이 없는 상황에서 느끼는 감정이다. 아무 힘이 없는 것 같고, 진공 속에 있는 듯한 느낌일 거다. 힘든 것은 공감이란 단어조차 생각할 수 없을 정도로 어려운 때다. 공허감은 차마 위로해 줄 사람도 위로받을 상황도 아닌 듯한 공황적인 상황에 몰릴 때 찾아온다. 공허를 경험하지 못한 사람은 공허를 깨닫지 못한다.

자신이 위로가 필요한지 자신은 잘 모른다. 어떤 무거운 것이 자신을 짓누르는데 원인을 모르는 경우가 많다. 자존심 때문에 솔직하게 얘기하기도 어렵다. 부부 관계도 친한 친구나 동료에게 말하기 어려운 진실이 있다. 그렇기 때문에 그냥 에둘러 말할 뿐이다. 솔직하게 말하지 않기 때문에 상처가 완전히 치유되지 않는다. 상처를 온전히 보여주지 못하기 때문에 타인으로부터 전적인 공감을 받기도 어렵다. 진짜 상처로 남아 있는 것들이 그렇다.

공감은 혼자 하지 못한다. 반드시 상대가 있어야 가능하다. 혼자 공감한다는 것은 '그럴 수 있지.' 하고 스스로를 위로하는 수준이다. 하지만 감당하기 힘든 상황을 맞이하면 멘탈이 강한 사람이라도 스스로 위로하기 쉽지 않다. 좋은 방탄복은 총알을 막아낸다. 나에게 상처를 주는 사람을 바꾸기는 어렵다. 나 자신이 바뀌어야 한다. 좋은 방탄복이 상대가 쏜 총알을 막아내는 것처럼 방어 능력은 마음의 방탄조끼가 된다. 자신을 바꾸는 첫 단추는 생각을 바꾸는 것이다. 그리고 다음은 내 생각에 지대한 영향을 미치는 사람들, 즉 만나는 사람을 바꾸는 것이다. 독일의 문학자인 한스 카로사는 "인생은 너와 나의 만남"이라고 했다.

공감의 크기를 변화시킬 수 있는지는 그렇게 믿는 생각만으로도 가능하다. 공감의 크기는 정해진 상수가 아니라 공감에 대한 우리의 반응이 공감의 변화를 불러올 수 있다. 유대교 경전인 『탈무드』에 보면 "고마우면 고맙다고, 미안하면 미안하다고 큰 소리로 말하라."는 격언이 있다. 겉으로 드러내지 않으면 상대는 고마운 마음도 미안해 하는 마음도 모른다. 힘들 때도 마찬가지다. 힘들면 힘들다고 주변에 얘기해야 한다. **짊어진 짐이 무거우면 무겁다고 얘기해야 짐을 들어줄 사람이 나타난다.** 혼자 힘든 짐을 지고 가면 다리가 휘청거릴 수밖에 없다.

어려운 처지에 있는 사람을 공감하지 못할지언정 더 힘들게는 하지 말아야 한다. 공감받을 처지에 놓인 사람은 스스로 어려운 상황에서 쉽게 빠져나오기 어렵다. 마치 블랙홀이 주변 행성을 깊숙이 삼키듯이 어려운 처지에 있는 사람은 점점 자신만의 내면 속으로 빨려 들어간다. 블랙홀의 구멍은 점점 커져서 주변의 모든 것을 삼킨다. 위로도 마다하는 사람이 되어 고립된다. "비 올 때 우산을 뺏지 말라."는 말이 있다. 잘나갈 때 힘이 되어주는 사람보다 어려울 때 힘이 되어주는 사람을 잊지 못한다. "남의 삶에 햇살을 비추는 사람은 스스로 햇살을 받기 마련이다." 피터팬의 작가 제임스 매슈 배리James Mathew Barrie의 말이다.

조직을 성공으로 이끄는 공감 리더십

1. 무기력에 빠졌다면 평소 하고 싶었던 일 열 가지를 나열하고, 가장 쉬운 것부터 하라.
2. 잠시 스쳐 지나가는 타인의 시선에 마음을 내주지 마라.
3. 어렵고 힘들 때면 하늘을 자주 봐라.
4. 상대의 마음을 얹어놓을 겸손의 선반을 만들어라.
5. 고마우면 '고맙다.'고, 힘들면 '힘들다.'고 말하라.

3장

내 공감이 먼저다

우리는 미래의 걱정까지 오늘 미리 당겨쓴다. 걱정이 당장의 문제를 해결해 주지 않는다는 것을 알면서도 걱정이라는 빚을 대출한다. 그리고 당겨쓴 걱정의 대출이자를 갚으려고 허덕이고 있다. 오늘의 삶에 충실한 것이 대출 통장에 쌓인 걱정을 상환하는 것이다.

부딪치고 후회하고 다시 마음먹고

보통 사람의 마음은 일관되지 않고 두 개의 마음이 왔다 갔다 한다. 하나는 넓은 마음, 다른 하나는 좁은 마음이다. 넓은 마음은 주고 싶은 마음, 좁은 마음은 지키고 싶은 마음이다. 후자는 나를 보호하기 위해서 필요한 마음이다. 원망도 미움도 없는 세계는 현실에는 없다. 사랑도 미움도, 감사도 원망도 있는 세계가 조화롭고 자연스러운 세상이다. 그래서 부딪치고, 싸우고, 후회하면서도 맞서고, 도망치지 않고, 지치지 않으면서 인생을 살아내야 한다.

오랫동안 떨어져서 있다 보면 그립고 보고 싶고 도와주고 싶은 마음인데 막상 맞대면 그런 마음은 사라지고 불편한 마음이 스멀스멀 올라온다. 분명 안타까운 마음, 그래서 도와주고 싶고 이해하고 싶은 마음을 먹었는데 마주하면 다른 마음이 자리 잡는다. 작은 것도 거슬리고 반발심이 생긴다. 언제 그런 마음을 먹었는지, 그것이 내 마음이었는지, 내가 진정 어느 쪽에 속한 마음을 갖는지 헷갈린다. 잘 지내보려고 마음먹었지만 생각지도 않은 복병이 닥친다. 출제 문제가 예상 범위를 벗어난 느낌이다. 그래서 준비되지 않은 마음이 발끈한다. 그리고 시간이 지나면 후회한다. 이것이 인간의 마음인가 보다. 부딪치고 후회하고 다시 마음먹고 그러다 다시 부딪치고 이런 일의 반복이다. 내가 인내심 없어서 그런 것 같고 수양이 덜 되어서 그런 것 같다고 생각한다.

내가 원하고 계획해서 세상에 태어난 것이 아니다. 그러면서 세월이 주는 나이를 먹어 어느새 늙어간다. 나만 속이 좁고 모자라서 화내고 원망하고 뉘우치고를 반복하는 것이 아니다. 그럼에도 우리는 다시 마음을 잡으면서 조금씩 조금씩 성숙해 간다. **성숙이라는 것은 단순히 나이를 먹는 개념이 아니다. 마음의 넓이가 넓어지고 깊어지는 것이다.** 육십 대는 해마다 늙어가고, 칠십 대는 날마다 늙어간다고 한다. 프랑스 철학자 브뤼크네르에 따르면 인생무상을 처음 깨닫는 나이는 오십 대라고 한다. 인생은 어릴 적에는 조그만 어항에서 살다가 큰 어항으로, 그리고 작은 연못에서 큰 호수로 가는 여정이다.

왜 우리는 두 마음 사이를 왔다 갔다 하는 걸까. 두 마음을 비집고 들어오는 외력에 무기력하게 넘어지기만 하는 걸까. 두 마음을 이어줄 가느다란 연결 줄이라도 있으면 내가 그렇게 쉽게 무너지진 않을 것이다. 이 두 마음은 어디서 오는 걸까. 이상과 현실이라는 두 세계에서 발원하는 것일까.

두 개의 마음을 모두 품었다고 나쁜 것은 아니다. 내가 잘못했다는 생각이 들어도 그런 자신을 품어주어야 한다. 내가 작다는 생각이 들어도 감싸 안아 주어야 한다. 넓은 마음보다 작은 마음을 사랑해 주어야 한다. 좁은 틈에 끼어 허우적대는 마음을 위로해 주어야 한다. 여린 마음은 상처를 잘 받기 때문에 가엽게 여겨야 한다. 그 마음은 작은 마음이다. 현실에서 버둥거리는 마음이다.

힘들고 어려울 때면 좁은 마음은 넓은 마음과 멀어진다. 넓은 마음을 찾아가서 잠시 쉬는 것도 필요하다. 넓은 마음은 현실에서 조금 떨어져 있는 곳에서 만나기 쉽다. 조용한 곳, 혼자만의 시간, 자연 속에서 함께 어깨동무하며 말을 건넬 수 있다. 좁은 마음은 할 일이 많다. 챙겨야 할 것, 피해야 할 것, 막아야 할 것으로 정신이 없다.

우리 안에 있는 두 개의 마음은 자연스러운 것이다. 어느 순간에 어떤 마음이 찾아왔는지 분간하는 것만으로도 나를 이해하고 방어하는 데 도움이 된다. 두 개의 마음은 이웃해 있기에 순간 이동을 한다. 이 순간 이동은 마음대로 되지 않는다. 상황에 반응하는 두 마음을 사이좋게 만드는 것은 내 몫이다. 불안, 분노, 미움 같은 좁은 마음이 올라올 때 가장 먼저 해야 하는 일은 자신의 내면을 돌아보는 것이다.

우리가 가진 최고의 자유

우리는 일주일 전에 먹은 점심 메뉴도 잘 기억하지 못한다. 우리의 삶에서 발생하는 갈등은 시간이 지나면 기억도 못 할 일들이 대부분이다. 우리는 기억도 못할 일들로 싸우고 분노하고 상처를 받는다. 분노로 마음의 평정을 잃으면 쉽게 가라앉지 않는다. 이유는 자존심 때문이다. 반면에 어린아이들은 다르다. 어린아이들은 울다가도 금방 웃는다. 어린아이들은 어떤 일을 마음에 오래 담아두지 않는다. 나이가 들수록 머리가 복잡해지면서 어린아이처럼 마음이 쉽게 유턴되지 않는다.

마음의 상처는 마음의 문을 닫고 있으면 잘 보이지 않는다. 대신 마음의 문을 열면 스모그가 걷히면서 그 정체가 드러난다. 상처의 흔적이 옅어지면 상처가 나은 것으로 착각하지만 아직 딱지 아래에는 새살이 돋지 않았을 수 있다. 그래서 상처를 잘 살펴봐야 한다. 아물지 않은 상처가 무의식 중에 자극받으면 꿈틀거린다. 사람들은 이 꿈틀거림이 어디서 오는지 모른다. 흐릿해진 상처의 딱지만 보고 다 나았다고 숨겨두었기 때문에 아무도 그 상처를 볼 수 없다.

차를 타고 한강 다리를 건너다보면 맞은편 아파트 사이로 옅은 스모그가 가라앉은 것을 보게 된다. 스모그는 바람이 약해서 공기가 정체되어 있을 때 발생한다. 신선한 바람이 불면 스모그는 사라진다. 마찬가지로 힘이 들 땐 숨을 크게 한 번 들이쉬는 것만으로 마음의 안정을 찾는 데 도움이 된다. 5초 정도 깊은숨을 들이쉬며 내쉬는 것은 마음의 스모그를 날려보내는 효과가 있다.

상처를 열린 마음으로 대하면 한결 가볍다. 피부에 난 상처도 통풍을 잘 시키면 빨리 낫는다. 전문가에게 상처를 보이고 치료하면 상처의 회복이 빠르다. 하지만 대부분이 그렇게 하지 못한다. 상처를 입은 사람은 주변 사람에게 상처를 드러내고 힘든 모습을 보이기 싫어한다. **상처는 휘발성이 강하다. 주변 동료에게 내 사정을 알리면 위로와 힘을 얻을 수 있다.** 그러면서 상처는 허공으로 날아간다. 상처를 잘 관리하면 흉터 없이 아물기도 한다.

아무에게나 상처를 보이고 싶지 않다. 나를 가장 잘 알고 이해해 줄 수 있는 사람에게만 상처를 보이고 싶지만 그런 사람이 없다는 것이 큰 문제다. 상처받은 마음이 아픈 것은 나를 진정으로 위로해 줄 사람을 찾지 못했기 때문이다. 어떤 때는 고백성사처럼 가림막 뒤에서 나를 감추고 내 상처를 드러내고 싶다.

범퍼가 어떤 재질로 만들어졌느냐에 따라 같은 충격이라도 탑승자에게 주는 강도가 다르다. 충격을 잘 흡수하는 재질로 범퍼가 만들어졌으면 탑승자에게 주는 충격은 많이 완화된다. 그러나 이 범퍼가 강철로 만들어졌다면 충격은 고스란히 탑승자에게 전달된다. 마음의 범퍼도 마찬가지다. 완충을 잘하는 어린아이와 같은 마음을 가졌다면 회복 시간이 빠르다. 하지만 마음의 범퍼가 자존심으로 딱딱하게 굳어 있다면 회복의 시간은 굳은 강도만큼 길어질 것이다.

자존심이 선택의 자유를 막고 있다. 그동안 축적된 지성과 사회적 권위가 도전받았는데 그냥 모든 것을 내려놓는 것은 패배를 인정하는 꼴이라는 생각이 든다. 범죄자가 자신의 범죄 이유로 가장 많이 드는 것이 자신을 무시하는 눈빛이라고 한다. 어떤 사람들은 잠깐 스치는 눈빛 때문에 돌이킬 수 없는 범죄를 저지르기도 한다. 자존심에 큰 대미지를 입었기 때문이다. 하버드 의과대학교의 정신의학과 교수였던 제임스 길리건은 교도소에 수감된 폭력 사범들을 대상으로 25년간 인터뷰하였다. 그 결과, 폭력을 일으키는 원인은 분노가 아니라 내면에 감춘 자기 존재에 대한 모멸감 humiliation 때문이라고 분석하였다. 이 감정은 폭력 사범들에게 공통으로 발견되었다고 했다.

자존심에 입은 대미지를 극복하기 위해서는 잊힐 일들로 인해 너무 많은 에너지를 소비하지 않아야 한다. 우리가 일상에서 겪는 일들은 1년 정도 지나면 대부분 잊힌다. 작은 연못에 돌을 던지면 부드러운 파동을 일으키며 사라진다. 던져진 돌은 내 마음을 흔들지 못하고 미세한 물결만 일렁이게 할 뿐이다. 호수에 돌이 떨어지면 떨어진 흔적조차 찾기 힘들다.

상처를 꽁꽁 묶어두는 것보다 아는 사람에게든 모르는 사람에게든 누군가에게 상처를 보여 통풍을 시키고 약을 바르면 상처는 잘 나을 수 있다. 우리는 상처받은 마음에 눈길을 포개고 연고를 발라주는 따스함을 갈구한다. 내가 나를 위로하는 방법은 그럴 수밖에 없는 상황이었다고 나를 보듬는 것이다.

멀리 떨어져서 보거나 시간이 지나서 생각해 보면 별일이 아닌데 당시에는 나의 자존심을 건드린 일들로 아파하고 힘들어했다. 상처의 깊이와 폭은 상처를 어떻게 받아들이느냐에 따라 결정된다. 그리고 그 상처를 어떻게 내보내느냐에 따라 완치되는 데 시간이 달라진다. 상처를 어떻게 받아들일지는 우리의 생각에 달려 있다. "우리가 가진 최고의 자유는 자신의 태도를 선택할 수 있는 자유이다." 정신분석학자 빅터 프랭클Victor Frankl의 말이다.

거절에 대한 공감 기술

“벙어리 냉가슴 앓는다.”라는 말이 있다. 자신이 좋아하는 것, 싫어하는 것을 표현하지 못하면 마음에 병이 생긴다. 표현하지 않으면 힘들어지고 심하면 병까지 얻게 된다. 화병도 마찬가지다. 참다 참다 병이 되는 것이다. 우리 신체는 인풋과 아웃풋이 균형을 이루어야 한다. 먹은 것이 있으면 내보내야 한다. 먹은 것이 있는데 먹은 만큼 내보내지 않으면 문제가 된다.

거절을 잘 하지 못하면 상처를 쉽게 받는다. 이런 사람은 자신의 거절이 상대방의 공감을 얻지 못할 것이라는 생각이 앞선다. 그렇지만 상대의 요청을 무조건 수용하다 보면 상대는 너무나도 당연한 듯 이후에도 나의 상황이나 입장과는 무관하게 요청한다. 상대는 거절에 대한 저항을 잘 느끼지 못하기 때문에 반복적으로 요청이나 부탁을 하는 것이다. 그리고 어쩌다 자신의 요청이 거절당하면 오히려 화를 낸다. 이전에는 이러지 않았는데 자신에 대한 관심이 예전 같지 않다고 서운해한다. 이런 일이 반복되면 상대의 무리한 요구보다 제대로 거절하지 못하는 나 자신을 자책하며 힘들어한다. 또 어떤 때는 상대방의 요구가 없는데도 상대를 위해서 필요 이상으로 배려하는 행동을 하는 경우도 있다. 타인의 무리한 부탁이나 요구를 받아들이는 것이 타인의 관심과 사랑을 받는 것이라고 생각하기 때문이다.

다른 사람의 고통이나 어려움을 공감하는 과정에서 신체적, 정신적으로 힘들어하고 피로를 겪는 경우가 있다. 이를 '공감 피로compassion fatigue'라 하는데, 감정적 공감emotional empathy 능력이 뛰어난 사람은 타인의 아픔을 나의 아픔처럼 슬퍼하고 공감한다. 그러나 과도한 감정적 공감은 공감 피로를 유발한다. 힘들고 고통스러운 환경에 노출되면 공감 피로를 느낀다. 특히 환자나 어려운 사람을 돕는 사람들은 자신의 의지만으로 이들을 도울 수 없다는 무력감으로 우울증에 걸리기도 한다.

거절 못하는 사람은 상대를 배려해서가 아니라 거절하는 법을 모르기 때문이다. 거절하면 상대와 나와의 관계가 불편해지거나 단절될 것을 염려한다. 그래서 자신을 희생하더라도 상대의 요청을 물리치지 못한다. 하지만 동료의 부탁을 거절하는 것은 동료를 거부하는 것이 아니라 구체적인 제안이나 부탁에 동조하지 않는다는 것을 표현하는 일임을 알아야 한다. 남을 도와주는 것은 좋은 일이다. 다만 할 수 있는 것은 해주고 할 수 없는 것은 솔직하게 말하는 습관이 필요하다. 자신을 지키는 것이 더 중요하기 때문이다. 우버는 승객과 운전자 쌍방이 서로의 만족도를 측정하게 하여 기피 인물에 대해서는 서로 탑승을 거부할 권리를 가지게 했다. 서로가 거절할 수 있는 권리를 갖게 한 것이다. 자신을 지키기 위해 피하고 싶은 사람, 무리한 일을 거절할 권리는 기본이다.

무리한 요구를 거절하지 못하고 무조건 수용하는 습관은 불만을 쌓는 결과를 초래한다. 이런 불만이 쌓이다 보면 어느 순간 내 의지와 상관없이 다양한 모양으로 불만이 분출된다. 그렇기 때문에 상대의 요청이나 부탁이 내가 수용하기 힘든 일이라면 솔직하게 나의 상태를 설명해야 한다. **나의 입장을 솔직하게 얘기하는 것은 정당한 것이다. 나를 속이고 무리한 요청을 수용하는 것은 나에게도, 요청하는 사람에게도 도움이 되지 않는다.** 이럴 땐 공감적 관심empathetic concern이라는 공감 기술을 연습할 필요가 있다. 공감적 관심은 타인과 감정적으로는 적정한 거리를 둔 채 타인의 어려움에 도움을 줌으로써 행복하게 하려는 마음을 갖는 것이다. 공감도 기술이 필요하다. 어린아이는 걷기까지 2천 번 넘어지면서 걸음마를 배운다. 사람도 마찬가지다. 넘어지고 또 넘어지면서 앞으로 나아간다. "공감은 꾸준한 연습과 부단한 자기 노력이 없다면 한순간도 제대로 유지할 수 없는 고도의 기술이다." 상담심리를 가르치는 권수형 교수의 말이다.

상처의 재해석

"신은 디테일 속에 숨어 있다."라는 말이 있다. 제삼자가 보면 충분히 이해하고 넘어갈 일도 그 일의 당사자는 일의 앞뒤를 따져 민감하게 받아들일 수밖에 없다. 그럴 수밖에 없는 일들이 그럴 수밖에 없는 상황을 만들어낸다. 그 당시 나의 마음, 생각, 주변의 환경이 그럴 수밖에 없는 일을 만든 것이다.

우리는 같은 일을 반복하는 패턴을 갖는다. 실수도 같은 실수를 반복하고, 화를 낼 때도 비슷한 이유로 화를 낸다. 고착화된 패턴이 나를 움직이고 있는 듯하다. 알면서도 고쳐지지 않는 것이 습관이다. 이런 습관은 단시일 내에 만들어지지 않았다. "단번에 나 자신을 잃어버리지 않았다. 몇 년 동안에 걸쳐 서서히 내 얼굴이 깎여 내려간 것이다." 소설 『조이 럭 클럽』을 쓴 작가 에이미 탄[Amy Tan]의 말이다. 나를 움직이고 있는 이런 습관들은 내가 용인하고 승인했던 과정의 결과로 나타난 것이다.

상처는 자신이 만든 상황보다 그렇지 않은 상황에서 발생한다. 가만히 있는 나를 외부적 요인이 촉매가 되어 어쩔 수 없이 상처를 내고 상처를 받아들일 수밖에 없는 상황으로 유도한다. 의도하지 않은 상처, 계획되지 않은 상처, 어느 날 느닷없이 찾아온 상처, 그래서 제대로 된 방어벽도 없이 맞이한 상처로 인해 우리는 힘들고 지친다. 상처를 받았으면 상처를 준 사람, 상처를 준 환경이 있을 것이다. 상처를 준 사람을 생각하면 꼬리에 꼬리를 물어 화나는 상황이 연상된다. 이런 연상은 내게 도움이 되지 않을 뿐더러 상처를 잊는 데도 도움이 되지 않는다.

상처를 보는 시각과 관점을 바꿀 필요가 있다. 상처를 안고 있으면 나만 손해다. 주변 사람들에게도 알게 모르게 그 분위기가 전달된다. 상처를 대하는 나의 생각과 태도에 따라 나는 성장할 수도 있고 퇴보할 수도 있다. 상처를 기회로 활용한다는 것은 쉽지 않은 일이고 적지 않은 에너지와 시간이 필요하다. 자극은 인간의 잠든 영감을 깨우고 현재의 나를 판단한다. 지난날을 돌이켜 보면 평범한 일상보다 역경과 위기, 자극과 실수를 통해서 한 단계 성장했던 것을 볼 수 있다. 서양 속담에 "모든 구름에는 은빛 테두리가 있다Every cloud has a sliver lining."라는 말이 있다. 어두운 면이 있다면 그 둘레에는 희망의 빛이 숨어 있다는 뜻이다. 유배지에서 말년을 보낸 나폴레옹도 "나에게는 아직도 비장의 무기가 남아 있다. 그것은 희망이다."라고 말했다. 위기가 기회라는 표현이 있듯이 기회는 위기 속에 위장되어 숨어 있다. 그러나 많은 사람이 위기 속에 숨어 있는 기회를 활용하지 못한다. 많은 사람이 표면에 드러난 위기만 보기 때문에 감춰진 기회를 소실하고 있다.

상처는 빨리 아물어야 곪지 않는다. 상처받은 상황을 기회로 삼아 상처를 잊고 한 걸음 더 나아가야 한다. **상처에 매몰되기보다 상처의 의미를 생각하고 상처를 재해석해야 한다.** 상처는 생각하기 나름이다. 100이라는 상처를 받았을 때 어떻게 생각하느냐 따라 50도 될 수 있고, 20도 될 수 있고, 10도 될 수 있다.

마음 근력 다지기

운동을 하지 않으면 근력이 생기지 않는다. 운동선수는 자신이 하는 운동에 맞는 근력을 키우기 위해 노력한다. 축구, 육상, 수영 등 각각의 운동은 그에 맞는 근력이 필요하다. 이런 근력을 키우기 위해서 운동선수는 매일 운동을 한다. 마음 근력도 마찬가지다. 사람마다 차이는 있지만 마음 근력은 단련하지 않으면 생기지 않는다.

또 마음 근력은 매일 체크하지 않으면 약해진다. 마음 근력이 약해진 것은 자신이 감지할 수 있다. '예전에는 안 그랬는데 왜 그러지?' 하고 되돌아보게 된다. 인내심도 약해지고, 조그만 일에도 짜증 내는 빈도가 잦아진다. 이런 경우는 신체적인 조건과도 맞물려 있다. 주변 환경도 나를 가만히 내버려두지 않는다. 나는 가만히 있는데 문제들이 문을 차고 들어온다. 마치 닭이 뱃속에 줄줄이 알을 달고 있듯이 문제가 꼬리를 물고 기다리고 있는 듯하다.

무거운 짐을 들고 있으면 팔, 다리, 어깨가 아프지만 짐을 내려놓으면 한결 편하다. 내 몸은 나를 잘 지탱하도록 설계되었다. 그런데 내 몸이 아닌 것을 들고 있으면 힘들다. 마음도 마찬가지다. 내려놓지 못하면 들고 있어야 하고, 계속 들고 있으면 힘들다. 마음의 건강을 위해서 마음의 짐을 내려놓아야 하는데 누가 함께 들어줄 사람도 없다. 상대를 위해서라기

보다 나를 위해서 내려놓아야 한다. 그래야 편하다. 환자를 돌보는 직업을 가진 이들은 본인이 힘들 때 타인에게 도움을 잘 요청하지 않는다고 한다. 그래서 의사나 간호사들은 과도한 스트레스와 과로로 인해 공감 능력이 저하되고 우울증에 걸릴 위험이 높다고 한다. 이럴 땐 상담을 통해 자신의 감정을 이해하고 벗어나려고 노력하면 감정을 통제하고 증상을 완화시키는 데 도움을 받을 수 있다. 상담심리 전문가인 캐스린 J. 헤르메스에 따르면 우울증으로 마음의 감기에 걸린 사람에게 다음과 같은 말은 삼가야 한다고 한다. "다 마음먹기에 달린 거야.", "네가 강하다고 생각했어.", "세상에는 너보다 가지지 못한 사람들이 얼마나 많은데.", "정신 바짝 차려!", "넌 스스로 상처를 주고 있어.", "활짝 좀 웃어봐.", "넌 맨날 네 문제만 끌어안고 걱정만 하더라.", "다른 사람한테도 관심 좀 가져.", "옛날의 너로 돌아갔으면 좋겠어.", "참고 견디자.", "도대체 뭐가 문제니?" 등이다.

의연히 받아들이는 것은 마음 근력을 키우는 하나의 방법이다. **의연히 받아들이는 것은 살아가면서 오는 갖가지 근심, 걱정, 상처에 맞서지 않고 차분히 받아들이되 여기에 매몰되지 않는 것이다.** 갈대는 바람에 이리저리 흔들리지만 뽑히지 않는다. 강풍이 불 때 뽑혀 나가는 것은 가로수나 전신주다. 바람에 저항하려고 버티다 뿌리까지 뽑힐 수 있다. 유연함이 강함을 이긴다. 유연해지려면 마음의 무거운 짐을 내려놓아야 한다. 마음의 짐을 내려놓는 데는 돈이 들지 않는다. 그렇게 하려고 마음만 고쳐먹으면 된다.

어린아이는 꾸밈이 없고 활발하다. 우리는 어린아이들을 보고 천진난만하다고 한다. 이 마음이 우리의 본래 마음이다. 그런데 마음에 욕심이 들어오고, 자의식이 강해져 자존심이 들어오고, 사회적 지위가 생기고, 먹고사느라 근심과 걱정이 들어온다. 이런 마음들이 쌓여 우리 마음은 무거워져 힘겹다. 성리학의 실천서인 『근사록』에서는 "욕심이 있으면 참된 강함은 없는 것이다. 사람에게 욕심이 있으면 반드시 그 욕심에 끌려서 자기의 지조를 잃게 되기 때문이다."라고 했다. 어떤 때는 감당하기 힘든 마음의 짐이 임계점을 넘어서는 무게로 나를 짓누른다. 잊거나 내려놓을 수 있으면 좋지만 제대로 되지 않아 힘들다.

마음 근력을 키우기 위해서는 일단 주변을 정리하고 깨끗이 청소하는 것이 필요하다. 청소에는 힘이 있다고 한다. 청소를 하면 여러 가지 고민이나 문제가 해결된다고 마쓰다 미쓰히로의 『청소력』이란 책에 쓰여 있다. 이 책에서는 쓰레기에는 마이너스[부정적] 에너지가 나오기 때문에 청소를 통해 이 마이너스 에너지를 내보낼 수 있다고 한다. 청소는 주변을 깨끗이 하고 정신이 산만해지는 것을 막기 때문에 사고 예방에도 도움이 된다. 미국 지하철의 경우 낙서 지우기 캠페인을 5년 동안 실시한 결과 범죄율이 75% 급감했다. 여행도 마음 근력을 다지는 데 효과적이다. 사람은 여행을 통해 나와 다른 생각과 문화, 다른 종교와 접촉하면서 내 안에 자리 잡은 선입견과 편견을 크게 줄일 수 있다고 한다. 이것이 심리학에서 말하는 '접촉 이론[contract] theory'이다. 독일의 철학자 아우구스티누스는 "세상은 한 권의 책이다. 여행하지 않는 사람은 책의 한 장만 읽는 것일 뿐이다."라고 했다.

걸림돌인가, 디딤돌인가

두려움은 생존을 위한 일차적 감정으로 인간에게 나타나는 보편적 감정이다. 우리는 크든 작든 두려움을 가지고 살아간다. 적당한 두려움은 위험한 상황을 감지하고 대비하는 데 도움이 되지만 과도한 두려움은 살아가는 데 장애가 된다. "당신이 저지를 수 있는 가장 큰 실수는 실수하지 않을까 두려워하는 것이다." 미국인 작가 앨버트 하버드의 말이다. 사람은 자기가 가지고 있는 재능을 제대로 써먹지도 못하고 사장시키는 경우가 많다. 사람마다 이유가 있겠지만 그중 많은 비중을 차지하는 것이 실패를 두려워하기 때문이다. 우리는 실패보다도 실패에 대한 두려움으로 도전을 시도조차 하지 못하는 경우가 많다. 실패를 바라는 사람은 없다. 실패하면 체면이 구겨질 뿐만 아니라 비용과 시간을 제대로 회수하지 못해 정신적, 물질적 피해가 불가피하기 때문이다. 그러나 실패는 불필요한 것을 포기할 수 있도록 도와준다. 우리는 이사 갈 때 평소에 정리하지 못했던 불필요한 것을 버리게 된다. 실패도 마음 한편에 쌓아두었던 불필요한 고정관념, 편견, 집착에서 벗어날 수 있는 기회를 제공한다. 실패가 없으면 좋겠지만, 실패가 있더라도 꼭 나쁘고 절망스러운 것만은 아니니 실패를 두려워하지 말자.

뭔가 성취를 해낸 사람은 실수에 대한 두려움을 극복하고 도전한 사람이다. 많은 사람은 머릿속으로 꿈을 그린다. "위대한 사람은 머릿속에 목표가 있고 보통 사람의 머릿속에는 소원이 있다." 미국인 작가 워싱턴 위빙의 말이다. 많은 사람이 생각은 하지만 실행에 옮기는 사람은 극소수다.

살다 보면 이름 모를 불안이 마음에 파도를 일으키는 경우가 있다. 날씨 탓일 수도 있고 컨디션 탓일 수도 있다. 마음에 파도를 일으키는 바람이 어디서 불어오는지는 알 수 없다. 마음의 바다에 풍랑이 이는데 닻을 내릴 곳은 찾지 못한다. 배는 이리저리 흔들리고 바람은 언제 멎을지 모른다. 이런 풍랑에서 그냥 몸을 맡기고 잠시 기다려본다. 풍랑이 없으면 바다도 아니다. 풍랑은 윗물과 아랫물을 뒤섞어 물을 정화하는 순기능이 있기 때문에 바다에는 풍랑이 필요하다. 사람도 너무 평안하면 내성이 약해진다. 철도 불로 단련을 받아야 강철이 된다. 마음을 단단하게 단련하려면 풍랑을 겁내지 말아야 한다.

불안한 환경에서는 목표보다 장애물을 먼저 본다. 우리는 미래의 걱정까지 오늘 미리 당겨쓴다. **걱정이 당장의 문제를 해결해 주지 않는다는 것을 알면서도 걱정이라는 빚을 대출한다. 그리고 당겨쓴 걱정의 대출이자를 갚으려고 허덕이고 있다.** 영국의 평론가이자 역사가인 토머스 칼라일은 "길을 가다 돌을 만나면, 약자는 이것을 걸림돌이라 하고 강자는 디딤돌이라 생각한다."라고 했다. 오늘을 잘 살면 내일을 기대할 수 있다. "시대가 아무리 변해도 가장 중요한 것은 늘 바로 자신의 발밑을 주시하는 것이다." 아나모리 가즈오의 말이다. 오늘의 삶에 충실하는 것이 대출 통장에 쌓인 걱정을 상환하는 것이다. 오늘을 완벽히 살면 내일이 보인다. 인간의 감정은 생존과 깊이 연관되어 있다.

부드러운 개입으로 더 좋은 선택하기

대부분 사람은 나름대로의 상처를 안고 살아간다. 상처를 제때 치료하지 않으면 상처는 마음속을 맴돌다가 어느 순간 수면 위로 올라온다. 상처와 연관된 일이 벌어졌을 때, 또는 불쑥 나도 모르게 튀어나오는 경우도 있다.

적정한 시기에 신뢰하는 사람에게 상처를 털어놓고 공감을 받는다면 상처받은 사람은 해결의 채비를 갖춘 것이다. 그러나 상처를 열어놓지 않으면 마음의 감옥에 갇힌 것과 같다. 자존심 때문에 상처받은 마음을 드러내지 않고 태연한 척 표정 관리를 한다. 상처도 힘든데 표정까지 관리해야 하니 짐 위에 짐을 지는 격이다.

내면의 상처를 꺼내놓지 못하는 사람이 많다. 억지로 상처를 보이지 않으려고 꽁꽁 묶어두는 경우도 있다. 진정 나를 이해해 주는 사람이 주변에 없기 때문이다. 세상에는 스트레스를 풀 수 있는 장소주점, 노래방, 스크린 골프장 등는 많지만, 마음의 위안을 얻을 적절한 장소를 찾기는 어렵다.

권투 경기에서 상대에게 밀려 코너에 몰리면 많은 펀치를 허용하게 되고 결국 대미지를 입어 쓰러진다. 코너에서 빨리 빠져나와야 소나기 펀치를 피할 수 있다. 상대가 힘이 강해 빠져나오기 힘들면 상대를 두 팔로 붙잡아서 펀치를 날리지 못하게 한다. 그러면 심판이 와서 두 선수를 떼어놓는다. 상처도 권투경기와 같다. 주변에서 날아드는 소나기 공격 때문에 마음의 구석으로 움츠러들 때가 있다. 그럴 땐 최대한 빨리 빠져나와야 한다. 스스로 빠져나오기 힘들면 심판을 활용해야 한다. 심판은 주변 사람들이다. 주변 사람들이 알아서 나를 도와줄 것이라고 생각하는 것은 완벽한 오판이다. 내가 주변에 알리고 이해를 구하지 않는 이상 주변 사람들은 지켜볼 뿐이다.

혼자 있으면 마음의 상처가 자꾸 떠오른다. 힘든 일을 혼자만 가지고 있다 보면 생각이 자꾸 한쪽으로만 기울어진다. 기울어지고 흐릿한 자기만의 판단으로 생각을 증폭시키게 되면 자신에게 이로울 것이 없다. 상처를 가지고 있으면 일단 생활의 활력이 떨어진다. 의욕보다는 좌절감이 몰려온다.

고통받는 사람 중에는 겉으로는 강한 척하지만 속으로는 아픈 마음을 누군가와 나눌 수 있기를 고대하는 사람도 있다. 하지만 마음이 아픈 사람에게 먼저 다가가기란 쉽지 않다. 용기가 필요하다. 먼저 말을 건네기 힘든데 어떻게든 다가가서 한마디라도 건네는 사람이 있다. 어렵고 힘들 때, 먼저 다가와 그 사람이 필요한 말 한마디, 한 움큼의 공감을 해줄 때 그 사람은 용기를 얻는다. 나를 지켜봐 주는 사람이 있다고 느낀다.

넛지nudge는 부드러운 개입으로 더 좋은 선택을 할 수 있도록 유도하는 방법을 뜻한다. **부드러운 개입이란 강압적이지 않고 충격적이지 않게 주의를 환기시킬 정도의 사소한 변화를 유도하는 것이다.** 이런 사소한 변화로 사람들의 행동에 큰 변화를 일으킬 수 있다. 예를 들어 동료들과 가벼운 농담을 주고받는 시간을 확보하는 것, 동료들과 식사를 같이하는 것은 분위기를 바꾸는 데 도움이 된다. 방안에 혼자 있는 것은 도움이 되지 못한다. 아침저녁으로 창문을 열고 신선한 공기가 방 안 깊숙이 들어오게 하는 것도 기분 전환에 도움이 된다. 청소와 환기는 정신을 새롭게 한다.

아픈 사람을 공감해 줄 때 공감의 힘은 배가 된다. 내가 아프다고 말하기 전에 먼저 다가와 위로의 말을 건네는 것은 공감을 많이 받는다. '연민'이란 말은 라틴어에 뿌리를 둔 '함께 아프다'라는 뜻으로 상대를 동정하는 것 이상의 의미를 담고 있다. 타인에 대해 연민을 갖는 것은 고통을 함께 한다는 뜻이다. 헨리 나웬은 저서 『Never Forget』에서 "연민은 다른 사람이 어둠의 터널을 지날 때 함께한다는 것이다."라고 했다. 우리 시대에 연민이 부족한 것은 이웃과 함께 고통 나누기를 기피하기 때문이다.

강한 나와 마주할 때

고대 그리스 철학자 헤라클레이토스는 "단 하나 변하지 않는 것은 변화"라고 했다. 계절에 사계절이 있듯이 우리 마음에도 사계절이 있다. 따뜻한 봄날이 있는가 하면, 더위에 지친 한여름이 있고, 조용한 결실의 가을이 있으며, 춥고 매서운 겨울이 있다. 사계절의 주기는 사람마다 느끼는 정도에 따라 다르다. 어떤 사람은 하루에도 사계절을 체험한다. 지구의 공전으로 사계절이 생기듯이 우리 마음도 상황에 따라 공전하면서 변화를 느낀다.

일 년에 열두 달이 있고 달마다 날씨와 기온이 다르듯이 시시각각 다른 나를 발견한다. 인간의 마음은 시시각각 변한다. 시시각각 변하는 자신을 보며 사뭇 놀라지만 다른 사람도 마찬가지일 거라는 생각은 잘하지 못한다. 평안할 때는 나의 처지를 잘 생각하지 않는다. 대신 어려움이 닥치면 나한테만 이런 어려움이 닥치는 것으로 생각한다. 종류가 다를 뿐이지 다른 사람들도 공감받을 상처를 지니고 살아간다. 나에게만 초점이 맞추어져 있어 남의 아픔을 잘 보지 못할 뿐이다.

거리에서, 지하철에서, 식당에서, 카페에서 보는 사람들은 조용하고 아무 문제 없이 살아가는 것 같다. 유독 나만 솥뚜껑 같은 변화무쌍한 현실을 이고 살아간다고 생각한다. 평온해 보이고 걱정거리가 없는 사람처럼 보이더라도 내가 몰라서 그렇지 그들만의 문제들을 마주하며 살아간다.

중요한 것은 문제 해결에 앞서 문제를 바라보는 자세다. 부정적인 이미지를 긍정적인 이미지로 전환하는 것만으로도 절반의 문제는 해결된다. 그렇게 하면 문제의 실마리를 풀 수 있는 기초가 다져진 것이다. 주어진 문제가 난제라도 문제 앞에서는 낙관주의자가 되어야 한다. 회의주의로는 문제를 극복하지 못한다. 경기 상대가 강팀이라는 인식이 앞서 있다면 시합을 하기도 전에 이미 진 것이나 다름없다. 상대가 강팀이라도 부딪쳐 보는 것이다. 부딪치면 의외로 허점을 찾을 수 있다. 경기는 상대적인 것이다. 우리는 종종 강팀이 약체를 만나 고전하거나 패배하는 것을 본다. 문제도 마찬가지다. 태산 같은 걱정을 가지고 문제를 맞이하면 문제는 해결되지 않는다. 잘 해결될 것이라는 신념을 첨병으로 앞세워 보내야 한다.

마음에 춥고 매서운 겨울이 다가와 자기가 혼자이고 나약하다고 느낀다면 당신은 더 이상 나약한 존재가 아니다. 이때 나는 더 강하다. 나의 참모습을 지근거리에서 보고 있기 때문이다. 인간은 누구나 나약한 존재이다. 다만 나약한 모습을 허울로 가려 은폐하고 있을 뿐이다. 허울 뒤에 숨어서 자신의 참모습을 바라보지 못한 인간이 더 나약한 것이다. "밑바닥까지 곤두박질을 치면 올라가는 단계다. 밑바닥을 의식하는 일이 내게는 성공으로 향하는 것임을 직감한다." 노벨상을 수상한 나카무라 슈지의 말이다.

나를 모르고 강해진다는 것은 착각이다. 자신을 아는 사람만이 강해질 수 있다. 자신은 강하다고 생각할지 모르지만 인간은 나약한 존재에 불과하다. 더 이상 떨어질 곳이 없는 상태에 다다랐다면 가장 강한 나와 마주하는 것이다. "세상에서 자신의 존재를 대신할 것이 그 어디에도 없다는 것을 알면, 자신의 삶을 함부로 하지 못할 것이다." 홀로코스트에서 생존한 빅터 프랭클의 말이다. 그는 "살아야 하는 이유를 알면 어떤 아무리 힘든 상황이라도 견디어낼 수 있다."라고 했다.

과거에 대한 대처 방식

과거는 교훈으로 삼을 것이 있다면 기억하되 더 이상 나를 괴롭히는 울타리 안에 두지 말아야 한다. 과거에 머물러 있으면 발전이 없다. 나에게 상처의 흔적을 준 과거는 내 발전의 발판으로 삼는 것이 최선이지 발목을 잡는 것이 되면 안 된다. 잔잔한 물은 파도를 일으키지 않는다. 나에게 어떤 자극이 주어졌다면 자극의 의미를 되새기고 전화위복의 기회로 삼아야 한다. 인간이기 때문에 마음은 언제나 안 좋은 부분을 먼저 생각하게 되어 있다.

내게 상처를 준 사람을 미워하거나 아픈 과거로 괴로워하는 데 귀중한 나의 시간을 소모할 필요는 없다. 나의 소중한 시간은 한정되어 있다. 이런 가치 있는 시간을 가치가 없는 일에 쓰는 것은 낭비다. 내가 받아들이지 않으면 그 사람이 어떤 행동을 해도 한쪽 귀로 듣고 흘려버리면 된다.

공격하는 쪽과 수비하는 쪽이 있다면 공격하는 쪽이 아무리 공격해도 수비하는 쪽에서 받아들이기에 따라 골로 연결될 수도 있고 허공으로 공이 날아갈 수도 있다.

아무리 좋은 사람이라도 마음에 안 드는 경우가 생긴다. 이와 반대로 나와 잘 안 맞는 사람이라도 어떤 때는 마음에 드는 행동과 말을 할 때가 있다. 나와 잘 맞지 않는 사람, 사사건건 내 생각과 반대되는 사람은 평소에 좋은 감정을 가질 수 없다. 사회생활을 하다 보면 좋은 사람만 만날 수 없다. 경우에 따라 나와 잘 맞지 않는 사람과 회의도 해야 하고 협의도 해야 한다. 나와 잘 맞지 않는 사람 생각만 하면 미운 이미지가 첫 번째로 떠오른다. 하지만 이따금 괜찮은 행동을 할 때가 있다. 그 순간을 떠올려 보면 미운 마음이 조금은 가라앉는다. 이왕이면 그 순간을 자주 그리고 길게 느껴보는 것은 그 사람을 위해서가 아니라 내 정신 건강을 위해서 필요하다. 한순간이나마 괜찮은 행동, 고마웠던 순간을 떠올리며 생각 속에 있는 것을 말로 내뱉어 보자. 생각하기 나름이다. 생각만 바꾸면 만사가 달리 보인다.

평소처럼 변화가 없다면 나도 그냥 그대로 있을 것이다. 그러나 어떤 자극이 왔다면 내가 현실에 안주하지 말라는 신호로 받아들여야 한다. 나를 이끌 운명의 손짓으로 생각하고 움직여야 한다. 그렇기 때문에 과거를 생각하기보다 미래를 생각해야 한다. 아무 자극 없이 지낸 일상에서는 발전이나 변화할 기회가 별로 없다. 그러나 어떤 계기나 자극으로 인해 삶의 방향이 바뀌거나 개선되기도 한다. 또 성과를 올리거나 인생의 전환점이 된 경우도 있다.

변화를 싫어하고 편안함과 안전을 추구하는 것은 인간의 본성이다. 본성을 거스르는 상황이 펼쳐지면 우선 두려움과 걱정이 찾아온다. 그러나 인류가 이루어낸 문명과 발명품은 실패, 좌절, 고통 속에서 일구어낸 성과다. 중요한 것은 과거가 아니라 과거에 대한 나의 대처 방식이다. 낡고 이미 써버린 과거는 수평선 너머로 넘어갔다. 훼손되지 않고, 단 한 번도 사용하지 않은 새로운 미래가 떠오르고 있다. 과거를 딛고 일어나면 도약의 기회가 있을 것이지만 과거에 파묻히면 깊은 터널 속에서 빠져나오지 못한다. **힘든 상황은 누구에게는 좌절로, 누구에게는 기회로 활용된다. 무엇을 택하든지 그것은 본인의 몫이다.** 『주역』에 '궁즉변 변즉통 통즉구'라는 말이 있다. '극에 이르면 바뀌게 되고 바뀌면 통하게 되고 통하면 오래갈 수 있다.'라는 뜻이다.

마음을 흔드는 놈의 정체 다루기

계획한 일이 잘 진행되면 별로 화낼 일이 없다. 그러나 뜻하지 않은 변수가 생기면 화가 난다. 예를 들어 시간에 민감한 사람이라면 시간 약속을 어기면 화가 난다. 이런 부류의 사람은 일정대로 일이 진행되는 것을 시뮬레이션하고 있다. 하지만 상대에 의해 이 일정이 흔들리거나 지연되면 화를 낸다. 상대의 입장을 충분히 듣고 왜 늦었는지 이해하기보다 자신의 일정이 깨진 것에 화를 낸다. 상대방의 일정을 존중해 주는 것은 필요하다. 하지만 예기치 않은 일이 생기거나 의도하지 않은 일이 생겨 상대방이 약속을 지키지 못한 경우에는 공감하고 이해해 줘야 한다. 반대로 지킬 수 있는 약속을 본인의 부주의나 게으름 등으로 지연시켜 상대를 화나게 했다면 상대에게 명확히 사과해야 한다.

대부분 화를 내는 일은 예상하지 못했던 일 때문이다. 화낼 일을 예상하면 마음의 준비를 하고 대비할 수 있다. 평소에 아무 일 없이 잘 지내다가도 의도하지 않는 일이 불쑥 생기는 경우가 있다. 상대의 예기치 못한 반응에 아차 하는 마음이 든다. 나는 별 의도 없이 행동했는데 그것이 상대의 예민한 부분을 터치한 경우다. 미안한 마음도 들고 그렇게 할 수밖에 없었던 자신의 한계도 생각하게 된다. 물론 이런 상황까지 다 알아서 행동하면 좋겠지만 이런 상황이 닥치면 팔이 안으로 굽듯이 나와 내 주변을 방어하는 쪽으로 흘러간다.

의도치 않게 마음에도 없는 말이 툭 튀어나와서 주위 분위기를 망칠 때가 있다. 또는 나는 평소처럼 대했는데 이상하게 상대가 매몰차게 행동하는 경우도 있다. 아마 잠재의식 속에 들어 있는 놈이 툭 튀어나온 것이 아닌지 생각해 본다. 우리는 잊고 있지만 언제가 내가 당한 불편하거나 억울한 상황이 잠재의식에 숨이 있다가 비슷한 여건이 주어지면 나도 모르게 반응하지 않았나 생각해 본다. "입은 몸을 치는 도끼이며 몸을 찌르는 칼날이다. 모든 재앙은 입에서 나온다." 석가모니의 가르침을 모은 『법구경』에 나오는 말이다.

화내는 것을 조절하려면 그것에 이름을 붙여보는 것이 좋은 방법이 될 수 있다. 감정에 이름을 붙이면 친근해진다. 마치 친구를 부를 때 이름을 부르는 것과 마찬가지다. 내가 느낀 감정을 소인격체로 보고 대접해 주는 것이다. 내가 느낀 감정은 그냥 온 것이 아니다. 복잡한 감정 시스템이 상호작용을 하여 나를 보호해 주기 위해 튀어나온 나온 감정일 것이다. 내 감정에도 공감을 해주어야 한다. 그리고 친구에게 말을 걸듯이 날 찾아온 감정에게도 말을 걸어보는 것이다. 화가 솟구치면 "음~ 분노의 OO감정이 찾아왔구나.", "이놈이 나를 흔들어놓는구나.", "왜 날 찾아왔니?", "뭘 원하지?" 이런 의식만 해도 방어 기재에 시동을 걸 수 있다. 불교 명상을 널리 퍼트린 베트남의 틱낫한 스님은 『화 Anger』라는 책에서 아이들이 돌봄의 대상인 것처럼 분노라는 감정을 '갓난아이'와 같이 여기라고 했다.

적을 알고 나를 알면 백전백승이다. 내 마음을 흔들어놓는 놈의 정체를 알면 사태는 누그러진다. 『영웅전』으로 유명한 고대 로마 철학가 플루타르코스의 윤리론집인 『수다에 관하여』에는 '분노의 억제에 관하여'라는 글이 실려 있다. 플루타르코스에 따르면 분노는 인간의 나약함에서 나온 결과로 자기방어 의지가 너무 강한 나머지 영혼이 경련을 일으키는 것이라고 했다.

화를 낸다는 것은 내가 예민하고 민감하게 생각하는 요소에 반응한다는 것이다. 예를 들면 아픈 데를 건드리면 멀쩡한 데보다 더 아프다. 내가 아픈 곳을 아는 것은 더 낫기 위한 발판이 될 수 있다. 내가 화를 냈다면 왜 화를 냈는지 기록하면 좋다. 하루가 가기 전에 체크리스트를 만들어 어떤 일로 내가 평정심을 잃었는지 기록해 보는 것이다. 미국 건국의 아버지 중 한 사람인 벤저민 프랭클린은 스스로 체크리스트를 만들어 하루를 돌아보지 않으면 잠들지 않았다고 한다. 이런 기록이 쌓이면 공통점을 발견하게 된다. 그리고 이런 상황에서 어떻게 대처해야 하는지 조심한다. 결과적으로 나의 단점과 약점을 줄이게 된다. 평생 자신의 단점을 모르고 사는 사람도 많고 단점을 고치려고 하지 않는 사람들도 많다. 기록하면 단점이 드러난다. 자신은 잊고 있지만 기록은 기억을 능가한다.

화를 내는 것은 남과 나의 평정심을 깨지게 한다. 반성하고 되돌아보지 않는다면 나의 결점은 고쳐지지 않는다. 두 개의 점이 있다. 한 점은 과거이고 다른 한 점은 미래이다. 두 점을 이으려면 뒤를 돌아봐야 한다. 발전하기 위해서는 기록하고 나 자신을 되돌아봐야 한다.

조직을 성공으로 이끄는 공감 리더십

1. 상처는 생각하기 나름이다. 완충 효과가 좋은 마음의 범퍼로 교체하라.
2. 문제 해결에 앞서 문제를 보는 시각이 중요하다.
3. 실수는 실패가 아니다. 실수한 사람에게 용기와 위로를 주어라.
4. 타인과는 감정적으로 적정한 거리를 두어라.
5. 오늘을 완벽히 살면 내일이 보인다.

탁월한
리더의 조건,
공감 리더십이란

2부

1장

탁월한 리더는 마음을 움직이는 사람

리더는 이길 수밖에 없는 분위기와 형세를 만드는 사람이다. 리더의 시선이 어디에 머무는지에 따라 조직의 분위기가 달라진다. 위로 머물수록 조직의 분위기는 건조해지지만 아래로 머물수록 화합과 협력, 신뢰와 배려의 장이 마련된다.

구성원이 원하는 것

타이태닉호가 침몰할 당시 이 사건과 연관된 리더들의 공감은 대조적이었다. 타이태닉호의 에드워드 스미스 선장은 항해 경력과 역량을 겸비한 리더였다. 하지만 승객과 승무원의 안전에 대한 공감보다 자신이 세계 최대의 여객선을 이끈다는 자만심과 실적에 고무되어 위험 신호를 무시했다. 타이태닉호가 침몰할 당시 조난신호를 보냈을 때 가장 가까이 있던 캘리포니안호의 스탠리 로드 선장은 이 조난신호와 선원들의 보고를 묵살했다. 타이태닉호의 조난자들을 구조한 리더는 카르파티아호의 아서 로스트론 선장이었다. 조난신고를 접수한 즉시 100㎞ 떨어진 곳에서 생존자를 위해 식당의 난방만을 유지한 채 최대속력으로 달려갔다. 로스트론 선장의 판단력과 공감 능력으로 700명의 조난자를 구조할 수 있었다.

구성원들이 리더를 따르는 이유는 그들이 전염성이 강한 감성, 즉 공감을 발휘하기 때문이다. 데일 카네기는 우리가 만나는 네 명 중 한 명은 공감을 갈망하고 있는 사람들이라고 했다. 쉽고도 어려운 것이 상대방 입장에서 생각하는 것이다.

공감은 리더의 가장 강력한 무기다. 공감 없는 리더는 메마른 사막과 같다. 공감 없는 리더를 보고 구성원은 내가 왜 열정을 쏟아 업무를 해야 하는지 의문을 갖는다. 구성원의 힘들고 어려운 업무를 알고 격려해 주는 것이 리더의 첫 번째 공감이다. 그리고 개인적으로 힘들어하는 문제나 이루고 싶은 목적이 있으면 관심을 가지고 배려해 주는 것이 두 번째 공감이다. 첫 번째와 두 번째 공감은 순서가 아니다.

공감은 작은 것에서부터 시작된다. 구성원이 미처 생각지도 못하는 문제에 관심을 가진다는 표현이고 배려다. 그러나 공감이 지나치면 구성원에게 부담이 될 수 있으므로 구성원의 성격이나 관심 분야를 세밀히 관찰해서 부담이 안 가는 선에서 해야 한다.

리더가 성장하려면 구성원의 성장을 이끌어주어야 한다. 리더의 성장을 위해 구성원이 있는 것이 아니라 구성원의 성장을 위해 리더가 있는 것이다.

리더는 공감을 많이 해야 한다. 그런데 리더가 되면 은연중에 위엄을 드러내 보이거나 대접받고 싶은 마음이 생긴다. 대부분 리더는 한 수 깔고 공감을 한다. 정치, 직장, 종교 단체와 사회단체의 리더들도 마찬가지다. 대접하기보다 대접받기를 바란다. 겉으로는 종이라고 말하지만 대접받으려는 마음을 완전히 버리지 못한다. 대부분 리더는 대접받는 단상에서 계단 아래로 내려오지 않는다. 다만 계단 위에서 아쉬울 때 잠시 허리를 숙이고 종처럼 행세할 뿐이다. 공감은 상대와 같은 위치에서 하는 것이다. 나는 높은 사람이고 당신은 나보다 못한 사람이라는 인식을 가지고 공감을 한다면 제대로 된 공감이라 할 수 없다.

쉽게 말하면 리더가 공감하지 못하면 구성원에게 줄 수 있는 것은 상처뿐이다. 리더 본인으로 인해 구성원이 얼마나 힘들지 이해하지 못한다. 설사 이해하더라도 나와 상관없는 일이라고 생각한다. 공감 능력이 부족한 리더와 일하는 구성원은 리더의 그때그때 기분에 맞추느라 힘이 든다. 공감 능력이 부족한 리더는 구성원의 마음을 살피는 것이 아니라 리더의 느낌이나 기분이 먼저다.

공감 능력이 부족한 리더와 일하는 구성원은 자신의 성과를 제대로 인정받기 어렵다. 열심히 해도 알아주지 않는다. 힘들고 어려운 일을 처리해도 공감받지 못한다. 공감 능력이 부족한 리더와 일하면 구성원은 완전히 수동적이 된다. 공감 능력이 부족한 리더는 구성원의 숨은 업무를 잘 모른다. 리더가 윗사람으로부터 지시받은 업무가 우선순위다. 그 업무를 구성원이 짧은 시간에 깔끔하게 처리해 주길 원한다. 하지만 구성원은 잔무가 많다. 눈에는 보이지 않지만 필수적으로 해야 할 업무가 있다. 리더가 보기에는 하나의 지시이지만 이 지시를 이행하기 위해서는 여러 업무 절차와 협의를 거쳐야 한다. 구성원은 상사가 이런 노고를 알아주고 격려해 주고 공감해 주길 바란다.

우리는 공감을 주고받기 어려운 가상의 세계로 근접하고 있다. 우리가 일하는 환경은 디지털 업무 환경으로 둘러싸여 있다. 디지털 기기로는 인간의 손길과 따스한 온기를 느끼기 어렵다. 디지털 환경은 상사와 동료 사이에 따스한 온기를 느낄 수 없게 만들고, 공감과 격려를 통해 구성원에게 에너지를 충전해 주는 데 한계가 있다. 이런 환경은 리더와 구성원 사이에 벽을 만들어 공감을 가로막는 방음벽 역할을 한다. 이 방음벽은 서로가 냉담해지고 단절되는 환경을 만든다. 리더의 공감 능력은 디지털 환경에서 인간과 인간을 이어주는 촉매제 역할을 한다. 이뿐만 아니라 공감을 잘하는 리더와 함께 일하면 나를 알아주고 인정해 주니까 힘이 나고 일의 성과가 더 난다.

이끌지 말고 따르게 하라

탁월한 성과란 지시나 명령으로 이루어지지 않는다. 탁월한 성과는 일하는 사람의 의지에서 발로된다. 즉 그것을 하겠다는 마음에서 우러나오는 간절함과 몰입을 근간으로 한다. 누가 시켜서 하는 일에서 간절함과 몰입은 기대하기 어렵다.

자발적인 협조를 이끌어내려면 리더는 먼저 구성원의 길을 터주는 역할을 해야 한다. 리더의 안목으로 보면 구성원이 조직에서 성장하려면 어떤 커리어가 필요한지 알 수 있다. 또 그 커리어를 갖기 위해서는 어떤 지원이 필요한지도 리더는 알 수 있다. 리더는 구성원이 성장하기 위해 어떤 커리어가 필요하고, 그 커리어를 달성하기 위해 어떤 지원을 해야 하는지를 과업으로 가져가야 한다. 이런 리더는 구성원의 자발적인 협조를 이끌어낸다.

구성원의 자발적인 협조를 이끌어내려면 구성원을 인정해 줘야 한다. 회사 생활에서 구성원이 힘을 얻는 것은 나를 지켜봐 주는 상사가 있을 때다. 리더는 구성원에게 어떤 장점과 약점이 있는지 관심을 가지면서 살펴야 한다. 가장 잘 알 수 있는 방법은 구성원과 대화를 하면 된다. 대화에 집중하면 그 사람이 어디에 관심을 갖는지 파악할 수 있을 뿐만 아니라 관심이 없는 부분, 피하고 싶은 부분까지 알아낼 수 있다.

리더는 내가 옳다는 생각보다 내가 틀릴 수 있다는 생각을 가지고 구성원과 소통해야 한다. 리더가 되면 자신의 경험담, 노하우 등 구성원에게 해주고 싶은 말이 많은 법인데 그런 욕구에서 한 발짝 물러나 침묵을 지킬수록 구성원과 소통이 잘된다. 구성원과 소통하기 위해서는 리더는 잔소리나 지적을 자제하고 맞장구를 잘 쳐야 한다. 한마디로 리액션을 잘해야 구성원들이 하고 싶은 말을 실타래처럼 풀게 된다.

어려울 때 힘이 되어준 리더가 있는 반면, 있는 힘도 빠지게 하는 리더가 있다. 구성원의 자존심을 꺾는 것이 자신의 승리라고 착각하고 우월감을 갖는 리더는 잠시 승리감에 도취될지는 모르지만 일시적이다. 리더 중에는 격려나 공감에 인색한 사람이 많다. 리더가 구성원을 공감하면 구성원들에게 만만하게 보이고 자신의 리더십이 약해 보일 수 있어 마음의 빗장을 걸어놓는다. 닫힌 공감이다.

리더가 구성원을 함부로 대하면 구성원은 자신이 가지고 있는 능력을 차단해 버린다. 열정이 식고 리더가 시키는 최소한의 일만 하게 된다. 성과는 불평과 비판 속에서 나오지 않는다. 리더의 강압적인 행동은 가시덤불과 같아서 좋을 싹을 말려버리기 때문에 탁월한 성과가 나오기 어렵다.

어떤 리더가 구성원의 자발적인 협조를 얻어낼까. 리더의 직위나 질책이 아닌 리더가 평소에 쌓아둔 신뢰는 구성원의 협조를 이끌어내는 데 밑천이 된다. 구성원의 신뢰를 얻는 리더는 그리 많지 않다. 리더와 구성원과의 신뢰는 리더가 솔선수범의 자세를 가지지 않고는 결코 기대할 수 없다. 구성원은 리더의 행동 하나하나를 살핀다. 구성원은 리더가 무심코 내뱉은 말도 그냥 넘기지 않는다.

직장에서 구성원의 자발적인 협조를 얻기란 결코 쉽지 않다. 구성원의 자발적인 협조라는 것은 리더에 대한 신뢰의 결과로 나타나는 것이다. 리더와 구성원 간에는 보이지 않는 거래의 법칙이 움직이고 있다. 공짜 점심은 없다는 말처럼 자발적인 협조는 그동안 리더가 구성원의 입장에서 얼마나 관심을 가지고 보살폈는가에 달려 있다. 한마디로 리더가 구성원을 위해 뿌린 씨의 결과다. 구성원이 먼저 자발적인 협조를 하지는 않는다. 처음에는 자발적으로 협조하려는 모습이 보일지 모르지만 뿌리가 깊지 않기 때문에 얼마 지나지 않아 지구력의 한계에 도달한다.

리더가 구성원들로부터 공감을 받지 못하면 탁월한 성과를 내기 힘들다. 미국 기업을 대상으로 한 조사 결과에 따르면 구성원의 69%가 리더로부터 진정으로 인정받으면 회사를 위해 더 열심히 일하겠다고 답했다. 구성원의 입장에서 생각하고 배려해 주는 리더에게 구성원은 신뢰를 갖는다. 리더의 공감은 구성원들에게 동기를 부여한다. 나를 인정해 주고 지켜봐 주는 사람이 있다는 것을 알게 된다. 이런 구성원은 내공이 강해져 작은 성공을 이룰 수 있다. 이런 작은 성공은 보다 큰 성공을 이루는 밑받침이 된다. 구성원은 리더가 자기에게 보인 관심과 자기를 이끌어준 은혜를 잊지 않는다. 한마디로 받은 만큼 신세를 갚는다. 신세를 지고도 갚지 않는 구성원은 거의 없다. 신세를 갚는 방법과 시점에는 간극이 있지만 늘 고마운 마음의 빚으로 남아 있다. 이것이 살아가는 이치다.

수직적 태도로 구성원을 대하면 자발적인 협조를 기대할 수 없다. 리더가 하는 말이 진심인지 아닌지는 시간이 증명해 준다. 그냥 듣기 좋으라고 하는 말과 행동은 얼마 안 가서 빛이 바랜다. 이런 리더들의 특징은 자기가 한 말조차 잊어버린다는 것이다. 마음으로부터 구성원을 챙기는 리더는 시간이 흘러도 한결같다. 리더의 진심이 느껴질 때 구성원의 자발적인 협조가 이루어진다.

리더는 구성원을 위해 헌신한다는 마음가짐으로 구성원을 대할 때 자발적인 추종을 받을 수 있다. 리더는 헌신의 대가를 바라지 말아야 한다. 부모는 자식에게 헌신하지만 자식에게 대가를 바라지 않는다. 자식이 잘되기만을 바라는 마음으로 자식을 보살핀다. 리더도 이와 같은 마음으로 구성원을 대해야 한다. 리더의 목표는 구성원의 성장이라고 생각해야 한다. 열린 공감이다. 왜냐하면 구성원의 성장이 곧 리더의 성장이기 때문이다. 일만 시키고 구성원의 성장에 관심이 없는 리더와 구성원의 성장에 관심을 두는 리더가 있다면 구성원은 어떤 리더를 더 따르겠는가. 열린 공감은 생각만 소통하는 것이 아니라 감정까지 소통하는 것이다.

비무장지대가 필요한 이유

6 · 25전쟁이 끝나고 미국과 소련은 38선을 경계로 휴전을 결정하고 남과 북을 갈라놓았다. 여기에 휴전선인 38선에 남과 북이 맞닿아 있으면 지엽적인 분쟁을 야기할 확률이 매우 높아 완충지대가 필요했다. 그래서 38선을 경계로 남과 북이 2㎞씩 후퇴하여 비무장지대를 만들었다. 그 결과 이 지역에서는 직접적인 군사 충돌이 발생하지 않았다.

조직에서 인간관계도 마찬가지다. 서로의 의견이 상충되어 대립하게 되는 경우가 있다. 완충지대 없이 서로가 맞닿아 있으면 분쟁으로 이어진다. 이럴 경우 비무장지대로 이동해야 한다. 가장 좋은 방법은 공간적으로 떨어지는 것이다. 공간적으로 떨어진다는 것은 시각적으로도 떨어진다는 것이다. 사람의 감정은 기복이 심하다. 감정이 피크에 도달할 때는 피하는 것이 현명하다. 피하는 것은 지는 것이 아니다. 상대를 위해서도 그렇고 나를 위해서도 필요한 조치다. 감정이 최고조에 달하더라도 얼마 지나면 감정의 곡선은 정상에서 내려온다. 하고 싶은 말도 조금만 참으면 불길이 번지는 것을 막을 수 있다. 조직 생활을 하게 되면 상호 간에 감정적으로 부딪치는 경우가 있다. 이런 상황에서 감정대로 처신하면 낭패를 보기 일쑤다. 감성적으로 내뱉은 말은 내가 정상적인 감정으로 돌아왔을 때 해명해야 하기 때문이다. 리더는 자기가 변하고 있다는 것을 잘 알아채지 못한다. 스트레스를 받거나 성과에 대한 중압감을 받으면 자신도 모르는 사이에 주변 사람들을 대하는 태도가 달라진다. 리더는 인내력을 발휘하여 자제한다고 생각할지 모르겠지만 겉으로 드러나는 감정을 완전히 숨길 수는 없다.

많은 기업이 단기 성과 체계를 유지하고 있다. 연간, 반기, 분기 단위로 리더의 성과를 체크하기 때문에 리더는 성과에 쫓겨 수단을 소홀히 여길 우려가 있다. 그 결과 리더는 주변 사람과의 인간관계가 서서히 나빠지기 시작한다. 어떤 리더는 과욕을 부려 초조해진 나머지 주변 사람들에게 자신이 어떻게 변했는지 잘 느끼지 못한다. 일의 성과가 좋으면 자신이 노력한 결과이고 나쁘면 주변 탓이라고 한다. 이런 현상을 심리학에서는 기본적 귀인 오류fundamental attribution error라 부른다. 부정적인 감정이 몰려올 때가 있다. 자신의 주장이 무시당했을 경우나 자신의 권위가 침해되었다고 생각될 때 당혹감이나 불쾌한 감정들이 몰려온다. 이런 감정들이 서로 섞여서 우리의 감정을 더욱 부채질하는 경우가 있다. 이때는 자신에 대한 평가나 감정 속에서 일어나는 파도를 타지 말아야 한다. 하던 일에 집중하든지 일에 대한 집중이 힘들면 분위기를 바꿀 수 있는 완충 공간으로 이동해야 한다.

아무리 선홍색으로 염색한 천이라도 햇빛에 오래 두면 색이 바랜다. 감정의 골이 너무 깊으면 시간의 힘을 빌리는 것이 좋은 처방이다. 때로는 자신에 대한 어떤 처방도 내릴 수 없다. 그런 경우라면 밖에 나가서 조금 걷든지, 집이라면 잠을 청하는 것도 좋은 방법이다. 육체가 힘들면 면역력이 약해지는 법이다. 체력이 고갈되어 나에 대한 방어 기재가 잘 작동하지 않을 경우에는 혈액을 순환시키거나 체력을 보충해야 한다. 체력이 떨어지면 현명한 판단을 할 수 없다.

중요한 것은 **인간관계에서 갈등 상황이 발생할 것을 대비하여 완충 공간을 만들어야 한다는 것이다.** 공간적으로나 시간적으로 나를 보호하기 위한 공간을 만들어야 한다. 시간은 명약이다. 나에게 맞는 완충 공간은 어디에 있는지, 나는 완충 공간을 얼마나 잘 활용하는지 자신을 먼저 살펴야 한다. 리더가 할 일은 주위 상황에 상관없이 항상 침착하고 평화로운 태도를 유지하기 위한 비무장지대를 활용하는 것이다.

리더는 형세를 만드는 사람

구글에서 가장 성과를 내는 조직은 화합이 잘되는 조직이라고 한다. 서로가 공감의 설정값에 주파수를 맞추고 협업하는 조직이다. 인간관계를 중요시하는 조직에서 성과도 높게 나타났다. 공감은 상대방이 어떤 감정을 느끼는지 인지하고, 그 감정을 정서적으로 함께하고, 배려를 통해 좀 더 나아지기를 바라는 것이다. MIT 인간역학연구소장인 펜틀랜드는 위대한 팀은 하루에 12번 이상 팀원들과 소통하고 이외에도 비공식적인 소통이 많다고 했다. 소통이 있는 곳에 성과도 있는 것이다.

리더십 스타일을 긍정적인 관리 스타일과 부정적인 관리 스타일로 나누고, 이 두 가지 스타일이 주변 사람들의 혈압에 미치는 영향을 연구한 사례가 있다. 어느 쪽의 혈압 상승이 월등했을지는 짐작한 대로다. 연구 결과 다른 사람을 존중하지 않거나 배려하지 않는 리더를 대할 때 구성원들의 혈압이 급상승했다. 반면 신중하고 남을 배려할 줄 아는 리더와 함께 일하는 부하 직원은 혈압이 정상이었다.

리더가 실패하는 중요한 이유 중 하나는 조직의 조화를 깨뜨렸기 때문이다. 조직의 균형이 깨지면 구성원들의 감정 조화가 깨진다. 감정은 전염성이 강하다. 부정적인 감정은 조직의 분위기를 망칠 수 있다. 부정적인 감정은 구성원들의 동기와 의욕을 저하시킨다. 그뿐만 아니라 리더의 통제력을 약화시킨다. 평범한 리더와 탁월한 리더의 차이는 감성 지능emotional intelligence에서 나타난다고 한다. 탁월한 리더는 자신의 감정뿐만 아니라 타인의 감성도 정확히 이해하고 관리한다. 처음으로 감성 지능을 연구한 대니얼 골먼에 따르면 조직에서 감성 지능이 높은 리더는 그렇지 않은 리더에 비해 업무 성과가 두 배 이상 나타난다고 했다. 감성 지능이 높은 리더는 공감 능력을 발휘하여 조직원과 건강한 관계를 유지하기 때문이다.

자신의 기분에 따라 조직을 운영하는 리더가 있다. 구성원들은 리더의 기분에 따라 눈치를 보며 어쩔 수 없이 기분을 맞춘다. 기분이 들쭉날쭉한 리더는 강원도 날씨처럼 변화가 심하다. 어려운 것은 이런 리더는 기분 좋은 시간이 짧다는 것이다. 대부분 얼굴을 찌푸리고 앉아 있다. 기분이 좋을 때는 그런대로 맞추겠지만 기분이 안 좋을 때는 피하고 싶은 심정이다. 평상시도 그리 썩 좋은 표정은 아니어서 가까이 가기에 부담스러웠는데 더구나 기분이 안 좋아 보이면 주변 사람들이 불편해진다.

보통 이런 리더는 회사 밖의 일을 회사 안까지 끌고 들어와 안 좋은 기운을 퍼뜨린다. 삼성전자 권오현 전 회장은 리더는 가정에서 가족 관계가 좋아야 직장에서도 좋은 기운을 이어간다고 했다. 가정불화가 있는 리더는 직장까지 나쁜 분위기를 가지고 온다. 그리고 주변에 전염시킨다. 조직의 분위기는 리더의 몫이다. 리더는 구성원 하나하나의 표정을 읽어가며 다가가야 하는데 오히려 구성원이 리더의 눈치를 살피게 하면 안 된다.

리더는 조직의 분위기를 만드는 사람이다. 조직이 어려울 때는 방파제 역할을 해야 조직원이 믿고 따른다. 리더가 이리저리 휘둘리면 그 배는 침몰하기 쉽다. 그래서 리더는 말 한마디도 신중을 기해야 한다. 자기가 내뱉은 말은 주워 담기 어렵다. 주변에 승리하는 조직의 리더 언행과 실패하는 조직의 리더 언행을 비교해 보면 알 수 있다. 절망적이거나 부정적인 내용보다는 긍정적이고 희망적인 언행을 써야 한다. 희망의 언어가 리더의 언어이고 승자의 언어이다. "긍정적인 마음가짐과 희망, 이것이 오늘의 나를 만든 희망이었다." 교세라 창업자 이나모리 가즈오의 말이다.

리더는 조직이 승리할 수 있도록 자신감이 넘치는 분위기를 만드는 사람이어야 한다. 특히 스포츠는 팀의 분위기가 매우 중요하다. 별 볼 일 없던 팀이더라도 감독이 바뀌면서 우승까지 거머쥔 예가 있다. 1~2년 사이에 감독이 무슨 일을 할 수 있었을까? 팀에서 가장 많이 달라진 것은 바로 팀의 분위기다. 질문을 못하는 분위기에서 질문이 환영받는 분위기로 바뀐다. 제안하지 않는 분위기에서 적극적으로 제안하는 분위기로 바뀔 수 있다. 축구나 야구 경기에서 홈경기가 유리한 것은 홈팀 관중의 분위기 때문이다. 관중이 이길 수 있는 분위기를 만들기 때문에 선수들은 힘들어도 이겨낸다. 진정한 리더십은 결국 조직을 긍정적인 분위기로 바꾸는 능력이다. 분위기가 바뀌면 성과는 따라온다.

전 세계가 한국의 독주를 막기 위해 계속 경기의 규칙을 바꾸고 있는 스포츠 종목이 있는데 바로 양궁이다. 지금은 당연히 금메달을 기대할 정도로 한국 양궁이 세계 최고지만, 한국에서 양궁은 1984년 서향순이 LA올림픽에서 처음으로 금메달을 따기 전까지는 불모지였다. 그러나 현재는 한국인 지도자가 전 세계에 진출해 한국 양궁의 경쟁자가 되기도 한다. 심지어 활도 한국산 활이 세계를 평정했다. 한국 양궁의 경쟁력은 선수를 공정하게 선발하는 데 있다. 대표 선수 선발은 10개월 동안 일곱 번의 대회를 치르는 과정을 거친다. 고참이건 신참이건 모두 같은 조건에서 경쟁한다. 지난 올림픽에서 몇 관왕이었기 때문에 선발해야 한다든지, 국제 대회 경험이 풍부해서 대표로 선발해야 한다든지 하는 외부의 압력은 안 통한다. 그땐 그 사람이 최고였지만 '지금은 이 사람이 최고'이기 때문에 '지금'의 선수를 뽑아야 한다고 한다. 그래서 일곱 번의 대회에서 살아남은 선수만이 국가대표로 선발된다. 또 양궁은 민주화된 조직 문화를 가지고 있다고 한다. 보통 단체 회식이 있으면 구성원들은 빠질 궁리를 하는데 양궁은 그렇지 않다. 양궁에서는 선수와 지도자, 높고 낮음을 떠나 모든 구성원이 자유롭게 자신의 생각을 얘기하고 공감하는 문화가 있어 구성원의 의견 개진이 활발하다고 한다. 이처럼 성공하는 조직에서 중요한 것은 리더가 구성원을 어떻게 공감하느냐 그리고 조직의 분위기를 어떻게 이끄느냐다.

기업이든 스포츠든 열의가 없는 사람이 한 명이라도 있으면 그 한 사람 때문에 전체 분위기가 가라앉게 된다. 애플은 매장에 근무하는 직원을 뽑을 때도 신제품을 개발하는 핵심 인재를 뽑는 것만큼 노력을 기울인다고 한다. 매장 직원이야말로 고객과의 접점에 있기 때문에 애플의 이미지에 가장 큰 영향을 미친다고 생각하기 때문이다.

애플의 창업자 스티브 잡스는 "앞만 내다보면서는 점을 이을 수 없다. 뒤를 돌아봐야 점을 이을 수 있다."고 했다. 뒤를 돌아본다는 것은 구성원을 살피는 것이다. 최고의 조직을 만들려면 구성원에 대한 공감 없이는 불가능하다. 리더는 평준화되어 가고 있는 시장에서 우리가 무엇이 다른지 답을 할 수 있어야 한다. 경쟁 구도는 차별적인 구성 요소들을 비슷비슷한 존재로 만들어버린다. 경쟁으로 인한 평준화가 경쟁 구도에서 깊숙이 자리 잡고 있기 때문에 리더는 조직에 긍정적인 자극을 촉매제로 활용해야 한다. 자신이 최고라는 신념은 가능성을 열어준다. 그렇기 때문에 잔소리 대신 구성원에게 신념을 일깨워 주고 지켜보면 가능성이 열린다. 차분히 지켜보는 것이야말로 리더의 자세다. 리더가 어떤 마인드로 조직을 리드하느냐에 따라 조직의 분위기가 달라진다. 같은 구성원으로 조직된 조직이라도 리더가 바뀌면 조직의 분위기가 달라진다.

리더는 이길 수밖에 없는 분위기와 형세를 만드는 사람이다. 리더는 성장 마인드셋을 가지고 현실에 안주하지 않고 더 나아지려고 항상 노력하는 사람이다. 토머스 에디슨은 "인생에서 실패한 사람 대부분은 그들이 포기하는 순간 자신이 얼마나 성공에 가까이 다가왔는지 깨닫지 못한다."라고 했다. 한마디로 골대 앞에서 넘어지는 격이다. 실패를 두려워하여 도전하지 않는 사람은 위에서 시키는 대로 일만 하게 된다. 성공한 리더는 끊임없이 노력하는 자세, 하는 일에 전념하는 자세, 항상 도전하는 자세를 갖춘 사람이다.

위만 보고 걸으면 돌부리에 차인다

리더는 마에스트로다. 오케스트라 지휘자가 다양한 악기를 지휘하여 가장 좋은 화음을 만들어내는 것처럼, 리더는 각기 다른 구성원의 목소리를 조율하여 프로젝트 성공을 위한 가장 효과적인 목소리를 만든다. 지휘자가 오케스트라의 각기 다른 악기의 음색을 알고 조율하듯이 리더도 마찬가지다. 구성원 한 사람 한 사람의 특성과 장단점을 파악하고 이를 바탕으로 적재적소에 인력과 업무를 배분해야 한다. 공동 작업을 할 때는 각자의 특성을 인정해 주고 화합할 수 있도록 동기를 부여해 주어야 한다.

리더는 구성원의 개인별 특성을 파악하고 있어야 하지만 강한 조직이 만들어낼 수 있는 특성도 간파하고 있어야 한다. 조직에 에너지를 불어넣는 것은 리더의 역할이다. 부정적 마인드를 가진 리더가 조직을 이끌면 그 조직은 침체된다. 반면 긍정적 마인드를 가진 리더가 이끄는 조직은 에너지가 넘친다. 긍정적인 리더는 구성원을 함부로 대하지 않는다. 구성원을 진심으로 공감할 때 구성원은 리더를 따른다. 공감의 힘은 개인도 움직이지만 개인으로 구성된 조직을 이끄는 강력한 원동력이 된다.

화합을 이루려면 지시보다 공감이 먼저다. 리더가 시키니까 마지못해서 하는 일로는 성과가 나지 않는다. 리더는 구성원에게 어떤 지시를 하기보다 어떤 공감을 해야 하는지를 우선순위에 두어야 한다. 구성원의 목소리는 다양하다. 같은 프로젝트를 진행하더라도 동쪽으로 가야 한다고 주장하는 구성원이 있는가 하면 서쪽으로 가야 한다는 구성원이 있다. 리더가 조직을 이끄는 데 있어 가장 먼저 해야 할 것은 구성원에 대한 공감이다. 그리고 구성원에게 왜 이 일을 해야 하는지에 대한 공감을 불어넣어야 한다. 특히 리더가 이 일을 왜 자신에게 부여했는지 공감하는 것이 먼저다.

리더도 철학이 필요하다. 철학이라고 해서 대단한 것이 아니다. 내가 맡은 조직을 어떤 사고방식으로 이끌어야 할지에 대한 자세다. 리더 스스로는 자신이 작은 틀에 갇혀 한정된 생각에만 매몰되어 있지는 않은지 살펴야 한다. 조직을 어떤 방향으로 이끌지 항상 생각하는 리더와 그때그때 상황에 따라 이끄는 리더는 시간이 흐르면 차이가 난다.

성과를 내기 위해 리더가 구성원을 밀어붙여 일을 시킬 수는 있지만 일의 성과는 기대한 만큼 나오기 어렵다. 한 사람의 힘은 약하지만 뭉치면 강한 조직이 된다. 화살 한 개는 잘 부러지지만 여러 개를 한 번에 묶은 화살은 부러뜨리기 어렵다. 하나로 뭉치지 않는 한 모든 힘은 약하다. 공감은 조직의 힘을 하나로 뭉치게 하는 위력이 있다.

리더의 시선은 위와 아래를 동시에 볼 수 있어야 한다. 보통 리더의 시선이 윗사람만을 향하고 있는 경우가 많다. 상사나 최고경영자의 심기를 살피고 그들의 성향에 맞는 보고서나 발언에 신경을 쓴다. 물론 상사에게 시선을 맞추는 행위는 필요하다. 선장이 가고자 하는 방향으로 배를 몰고

가기 위해서는 선장의 지시에 잘 따라야 한다. 하지만 위만 보고 걸으면 발이 돌부리에 채인다. **리더의 시선은 구성원이 뭘 필요로 하는지, 불편한 점이 무엇인지 간파하고 있어야 한다.** 그러기 위해서는 비업무적인 대화도 이어나가야 한다. 상사가 구성원에게 관심을 기울일 때 업무적인 시너지도 얻을 수 있다. 리더가 실패하는 원인 중 하나는 리더가 구성원의 성장에 무관심으로 일관하고 업무적인 면만 강조하기 때문이다.

성장시키고 싶으면 먼저 성장하라

실패하는 리더의 특징은 먼저 구성원 성장에 무관심하다는 것이다. 구성원은 자신의 성장에 무관심한 리더에게는 충성을 바치지 않는다. 보통 회사에서는 연말에 조직 개편을 한다. 어떤 조직의 조직원들은 이번 조직 개편에 리더가 바뀌기를 학수고대한다. 이런 조직의 리더는 구성원의 성장에 무관심하고 자신만 생각하기 때문에 구성원들의 자발적인 협조를 이끌어낼 수 없다. 리더 중에는 자신이 살아남기 위해 구성원을 힘들게 하면서 정작 구성원의 성장에는 무관심한 리더가 있다. 이런 리더는 자신의 실적을 증명하기 위해 구성원을 활용하는 자기중심적인 리더다.

우리는 평생직장이 없어진 시대에 살고 있다. 미국 사람은 보통 평생에 직장을 7~8번 바꾼다고 한다. 새로운 분야가 생겨나면 새로운 일자리가 생긴다. 그래서 전통적인 평생직장의 개념이 사라지고 있다. 한 직장, 한 분야에서만 경력을 키우는 구성원도 있지만 다양한 분야로 진출하기를 원하는 구성원도 있다.

리더는 구성원들의 이러한 욕구를 이해하고 독려해 주어야 한다. 새로운 분야에 도전하려는 구성원의 도전 의식에 갈채를 보내야 한다. 회사에서 그 리더 밑에 가면 구성원들의 자기 계발이 활발하다는 말을 듣는 것은 리더에게 유리하다. 리더가 인색하여 그 부서에 들어가면 자기 계발은 엄두를 못 낸다는 소문이 나면 우수한 인재는 그 조직을 피해 간다.

대부분 관련 분야에 관한 자격증에 도전하지만 전혀 다른 분야의 경력을 계발하려는 구성원들도 있다. 리더는 구성원이 현실에 안주하지 않고 꾸준히 자기 계발을 할 수 있는 길을 트여 주어야 한다. 세상은 광속으로 변하고 있다. 자격증 하나 취득했다고 안주했다간 어느새 자신이 더 이상 차별적인 인재가 아니라는 것을 알게 될 것이다.

인생이라는 항로는 암초에 걸릴 위험이 높다. 리더는 구성원이 암초에 걸리지 않고 살아남을 수 있도록 멘토 역할을 하는 데 무관심하지 말아야 한다. 성공한 리더들의 공통점 중 하나는 현실에 안주하려 할 때나 잘못된 결정을 내리려 할 때 끊임없이 그들을 자극하고 올바른 길로 이끌어준 멘토가 곁에 있었으며 자신도 그런 멘토 역할을 한다는 것이다.

리더는 자기희생을 감수하더라도 구성원이 조금이라도 자기 업무 영역의 이해를 넓히도록 배려해야 한다. 리더는 구성원을 위해 희생하는 자세를 가져야 한다. 지속적으로 구성원의 성장을 이끌어주는 리더에게 구성원이 따르는 것은 인지상정이다. 불쑥 기분에 따라 선심 쓰듯이 구성원을 배려하는 것이 아니라 구성원이 자발적으로 이런 기회와 마주하도록 분위기를 만들어주는 것이 리더의 역할이다.

원숭이나 쥐의 뇌를 연구한 학자들은 새로운 뉴런은 성체가 된 이후에도 생성된다는 것을 밝혔다. 마찬가지로 사람도 새로운 뉴런이 일생에 걸쳐 생성된다. 사람의 뇌는 일정한 나이에 성장을 멈추는 것이 아니라 학습, 습관, 경험에 따라 발달한다. 리더는 스스로 학습하고 노력하는 모습을 보여주어야 한다. 학습도 습관이다. 습관 되지 않으면 지속하기 어렵다. 아이들은 부모가 하라는 대로 하지 않는다. 자신들이 본 대로 할 뿐이다. 구성원도 마찬가지다. 열 마디의 말보다 리더가 솔선수범하는 모습을 보여주면 구성원은 따른다. 성공하는 리더는 구성원의 성장을 돕고, 구성원과 소통하며, 구성원을 공감해 준다. 실패하는 리더는 이와 반대다.

리더에게 구성원은 고객이다. 고객을 대하는 마음으로 구성원을 대해야 한다. 고객지향적이란 얘기를 많이 한다. 리더는 구성원 지향적이어야 한다. 리더 중에는 상사 지향형이 많다. 때론 상사의 의도를 구성원에게 전달하지만 구성원의 입장에서 구성원을 대변해 주고 감싸주어야 한다. 구성원에 대한 소통과 이해를 바탕으로 리더의 시선은 항상 구성원에게 머물러 있어야 한다. 따스한 리더의 시선은 경직된 조직의 분위기를 부드럽게 만든다. 리더의 시선이 어디에 많이 머무는지에 따라 조직의 분위기는 달라진다. 위로 머물수록 조직의 분위기는 건조해지지만 아래로 머물수록 화합과 협력, 신뢰와 배려의 장이 마련된다.

리더의 힘은 말에서 나오는 것이 아니라 행동에서 나온다. 20년 동안 GE를 이끌면서 회사의 가치를 무려 4,000% 이상 성장시킨 잭 웰치는 GE의 후계 구도를 가동한 후 만 65세가 된 2001년 9월 7일에 미련 없이 은퇴했다. 잭 웰치가 은퇴하고 불과 4일 후에 9 · 11테러가 발생해 '테러도 비켜 간 신이 내린 경영자'란 말을 들었다. 누구보다 열심히 학습했던 잭 웰치는 "학습은 실천을 위한 출발점에 불과하다."라고 말했다. **성공한 리더와 그렇지 못한 리더의 차이는 얼마나 많이 알고 있느냐가 아니라 얼마나 많이 실천하느냐에 달려 있다**고 했다. 앨빈 토플러는 "새로운 시대의 문맹은 글자를 못 읽는 사람이 아니라 배우기를 중단한 사람"이라고 했다.

큰 소리로 칭찬하고 작은 소리로 비난하라

러시아 속담 중에 "큰 소리로 칭찬하고 작은 소리로 비난하라."라는 말이 있다. 애플스토어의 매니저는 구성원이 고객으로부터 긍정적인 피드백을 받으면 전체 팀원 앞에서 공유하지만, 고객으로부터 부정적인 피드백을 받으면 담당자를 따로 불러 논의한다고 한다. 그러나 어떤 직장 사무실에서는 오히려 반대인 경우가 있다. 리더가 공개된 장소에서 큰 소리로 구성원을 나무랄 때가 있다. 이런 행동을 하는 리더는 자신의 지위를 이용해 직원을 뭉개는 것이 리더십 있는 상사의 모습이라고 착각하는 못난 인간이다. 이런 경우 꼬투리를 잡힌 구성원은 속수무책으로 당한다. 이런 리더의 심리를 독일어로 '샤덴프로이데Schadenfreude'라고 한다. 샤덴프로이데는 '다른 편의 고통을 보며 위안, 고소함, 즐거움, 더 나아가 희열을 느낄 수도 있다.'란 뜻이다. 남에게 아픔을 주는 사람은 스스로 아픔을 안고 있는 사람일 경우가 많다.

사람들은 자신이 공격당할 때 제대로 대응하지 못하면 크게 상처를 입는다. 갑작스러운 공격에 당황해서 자신을 방어할 기회를 날리는 경우가 많다. 또는 지위의 위력에 눌려 억울하지만 당하고 있을 수밖에 없는 경우도 있다. 제대로 된 리더는 러시아 속담처럼 행동한다. 칭찬할 때는 공개된 자리에서 부하 직원의 사기를 올려준다. 부하 직원을 나무랄 일이 있으면 조용히 회의실이나 남들이 들리지 않게 거리를 유지하면서 얘기한다. 신경과학자들이 칭찬받을 때 사람의 뇌와 질책받을 때 사람의 뇌를 촬영하여 비교한 결과 뇌의 서로 다른 부위가 활성화된다고 것을 발견하였다.

공감한다면서 자기 말만 하는 사람이 있다. 처음에는 나를 공감해 주는 말이 고맙다. 그러나 시간이 갈수록 자기 말만 하는 사람은 나를 제대로 이해해서 하는 말일까 하는 의문이 든다. 나를 제대로 이해하려면 먼저 내 의견을 들으려 해야 하는데 그렇지 않다. 자신의 말만 얘기하는 사람은 상대에 대한 배려심보다는 자기주장만 늘어놓는 사람으로 비친다.

어떤 때는 많은 말보다 나를 바라보는 따스한 눈빛이나 손짓이 위로가 될 때가 있다. 그 눈빛은 나를 감싸고, 나를 이해하고, 내 편이 되어준다는 눈빛이다. 우리는 오감을 가지고 있어 시각적으로 위로를 받기도 하고 따스한 말 한마디에 청각적으로 위로를 받기도 한다. 또 어깨를 다독이는 따스한 손길을 느끼며 촉각으로 위로를 받기도 한다. **진심이라면 공감해 주고 위로해 주는 수단으로 시각, 청각, 촉각이 다 통한다.**

조직을 성공으로 이끄는 공감 리더십

1. 리더가 성장하려면 구성원의 성장을 이끌어라.
2. 위만 보고 걸으면 돌부리에 채인다. 구성원에게 항상 초점을 맞추어라.
3. 구성원은 인정을 갈망하고 있다. 인정하고 칭찬해 주어라.
4. 솔선수범하라. 리더의 권위는 말에서 나오는 것이 아니라 행동에서 나온다.
5. 칭찬은 크게, 비난은 작게 하라.

2장

불협화음에서 조화와 협력으로

리더의 감정은 쉽게 구성원들에게 전이된다. 전염성이 강한 리더의 감정은 구성원에게 쉽게 이식되어 플러스 또는 마이너스 에너지로 영향을 미친다. 하나의 지시에 하나의 보고서가 나오지만 공감은 하나의 공감에 수많은 열매를 맺는다.

끓는 물 속의 개구리 증후군

리더가 지치고 힘든 나머지 주변을 객관적으로 판단하지 못하고 자기중심적으로 판단하며 막다른 골목을 향해 가는 현상을 '끓는 물 속의 개구리 증후군Boiling Frog Syndrome'이라 부른다. 뜨거운 물에 개구리를 넣으면 물 밖으로 바로 뛰쳐나온다. 하지만 차가운 물 속에 개구리를 넣고 천천히 물을 가열하면 개구리는 온도의 변화를 감지하지 못한 채 뜨거운 물 속에서 죽는다. 이처럼 현재에 안주해 변하는 환경을 인지하지 못하면 결국 죽게 된다. 끓는 물 속의 개구리처럼 리더가 주변 변화를 능동적으로 감지하고 적극적으로 대응하지 못하면 결국 실패하게 된다.

'격동激動의 시기에 가장 큰 위험은 격동 그 자체가 아니라 과거의 방식이나 논리에 따라 행동하는 것'이라고 했다. 경영학의 아버지라 불리는 피터 드러커의 말이다. 쥐라기 시대에 살았던 브론토사우루스Brotosaurus란 공룡은 몸길이가 20m가 넘는 초식 공룡이다. 이 공룡은 꼬리에서 위험을 감지해 뇌에서 반응하는 데까지 20초의 시간이 걸린다고 한다. 이렇게 변화나 위험에 반응속도가 느렸기 때문에 이 공룡은 제일 먼저 멸종했다. 조직이 비대하거나 관료화되어 있을수록 변화에 대한 대응이 오래 걸리기 때문에 실패할 확률이 높다.

리더가 끓는 물 속의 개구리처럼 되지 않기 위해서는 구성원의 관점에서 자신을 보고 자신의 감정과 상태를 살펴야 한다. 쉽지 않은 일이다. 주변에 있는 구성원이 리더가 현실을 직시하도록 도와주면 좋겠지만 자기중심적이고 독단적인 리더 주변에는 구성원이 가까이 다가가지 않는다. 리더는 벌어진 틈을 메우기 위해 자신이 놓인 상태를 신뢰할 수 있는 구성원이나 동료에게 터놓을 수 있는 용기가 필요하다. 보통은 자신의 치부를 드러내고 싶어 하지 않는다. 주변 사람에게 좋은 이미지만 보이고 싶기 때문에 마음의 문을 닫고 자신의 약점을 보이길 꺼린다. 그렇게 되면 리더의 시야는 점점 좁아지고 구성원들과 벌어진 틈은 메우기 어렵다.

공감은 자선을 베푸는 행위가 아니다. 공감은 나와 당신의 생각이 다르지 않다는 표현이다. 당신 옆에는 내가 있다는 안심을 심어주는 행위다. 상대에 대한 이해를 바탕으로 협조하려는 태도다. 구성원은 힘든 시기에 긍정적이고 믿음직한 리더가 옆에 있으면 마음에 위안이 될 뿐만 아니라 위기를 극복할 용기를 얻게 된다. 리더가 공감 능력을 배가하면 구성원들의 문제를 보다 객관적으로 볼 수 있다. 공감 능력이 뛰어난 리더들은 감정을 조절하고 구성원의 마음을 읽는다.

리더는 항상 깨어 있는 마음을 가지고 있어야 한다. 깨어 있는 마음이란 자신과 주변 사람들이 일하고 있는 환경을 온전히 인식하는 것이다. 주변 사람들의 관심사에 눈을 뜨고 주의를 기울이는 일이다. 리더가 바람직한 변화를 통해 균형감을 가지고 업무를 수행하려면 구성원들이 보내고 있는 미묘한 메시지와 구체화되지 않은 비언어적 표현들을 적기에 감지해야 한다.

사회의 많은 문제는 공감하지 않기 때문에 일어난다. **공감은 지시나 복종하에서 이루지는 계층적 구조를 훨씬 뛰어넘는 힘을 가졌다. 하나의 지시에 하나의 보고가 나오지만 공감은 하나의 공감에 수많은 열매를 낳는다.**

시계를 버리고 시간을 가져라

리더가 조직의 성과를 위해 지나치게 자기를 희생했을 때, 또는 리더의 노력이 적정한 보상을 받지 못할 때 생기는 불안전한 심리 상태를 '희생 증후군'이라 한다. 가지고 있는 능력을 과도하게 희생하면서 리더는 희생 증후군에 빠진다. 그렇게 되면 번아웃으로 결국 주변 사람을 잃고 업무도 제대로 못하는 상태가 된다. 과도한 스트레스는 통제력을 약화시키고 초조하게 만들어 리더의 사고 능력을 저하시킨다.

리더가 성과에 대해 장기적으로 압박을 받으면 사고하거나 판단하는 데 균형을 잃어버리기 쉽다. 리더는 성과에 대한 성급함과 초조함 때문에 권력을 행사하는 과정에서 몰입 대신 집착이라는 태도로 업무에 균형을 잃는다. 리더는 객관적 상황 판단이 흐려지고 평정심과 침착함이 결여되어 명확한 결단력을 행사하기 어렵게 된다. 희생 증후군에 걸리면 주변의 소리를 듣지 못한다. 균형 감각을 잃었기 때문에 리더는 주변 사람들의 충고에도 자신의 생각만 고집한다. 마음속이 흙탕물로 가득해서 주변을 제대로 보지 못한다. 흙탕물을 가라앉혀야 나의 상태와 주변을 선명히 볼 수 있다.

리더는 초조한 모습을 감추려고 하지만 겉으로 드러난 감정을 속일 수는 없다. 조급함이 동료들과 부정적인 마찰을 일으키기 쉽다. 리더의 이런 행동은 주변 사람들에게 자기중심적인 사람으로 비치게 된다. 이런 리더는 사람들과의 관계 또한 이전과 같지 않다는 것을 느낀다.

리더가 자신의 직위를 노력과 희생의 대가로 생각하며 그것에 연연하면 불안정한 심리 상태를 동반하게 된다. 권력 스트레스가 치료되지 못하고 심화되는 것은 희생 증후군의 영향이다. 이러한 불안정한 심리 상태는 리더의 권력과 상호작용하여 권력 스트레스를 유발한다. 권력 스트레스는 책임지는 자리에 있는 리더, 즉 구성원에게 영향을 미치는 자리에 있는 사람들에게서 나타난다. 한마디로 리더가 자신의 성과에 대해 인정받지 못해 나타나는 현상이다.

한때 잘나가던 리더도 조직의 기대를 늘 만족시킬 수는 없다. 어떤 리더는 슬럼프에 빠졌을 때 자신이 슬럼프에 빠졌다는 것을 인정하지 않고 어떻게든 무리수를 두며 문제를 해결하려 한다. 하지만 문제는 더욱 꼬이고 결국 주변과의 인간관계는 악화된다. 어떤 마라톤 선수의 일화가 있다. 이 선수는 일주일에 250㎞씩 훈련했다. 개인 기록과 세계신기록이 5분 정도의 격차가 났기 때문에 이 선수는 하루도 빠짐없이 열심히 훈련했고 초기에는 기록이 단축되었다. 그러나 어느 순간부터는 아무리 열심히 뛰어도 기록은 단축되지 않았고, 결국 훈련 도중 다리를 다쳐 한 달 정도 쉴 수밖에 없게 되었다. 어쩔 수 없이 이 선수는 참가하는 데 의의를 두고 1967년 후쿠오카 마라톤 대회에 참가했다. 그런데 결과는 놀라웠다. 자신의 기록을 8분이나 단축하고 세계 최초로 2시간 10분의 벽을 깨며 우승했기 때문이다. 이 선수는 2년 후 다른 마라톤 대회를 준비하다 또 다쳤다. 그런데 잠시 쉬었다가 출전한 마라톤 대회에서 또다시 2시간 8분 33초로 세계신기록을 깨고 우승했다. 이 기록은 12년 동안 깨지지 않는 기록이 되었다. 이 일화에서도 볼 수 있듯이 휴식은 가장 좋은 치료제가 될 수 있다는 것을 알게 된다.

성과나 업무보다 건강이 먼저다. 잠시 업무를 내려놓고 자신만의 시간을 갖는 것이 필요하다. 가족 관계나 인간관계가 힘든 상태에 놓여 있다면 이를 바로잡거나 만회하는 기회로 시간을 활용해야 한다. 그렇게 하기 위해선 심신의 안정이 최우선이다. **리더가 자신의 안녕을 위해 휴식을 당장 시작하지 못하는 가장 큰 이유는 게으름보다 익숙한 것을 떨쳐내는 것에 대한 두려움이다.**

리더가 희생 증후군에서 벗어나려면 압박감을 떨치기 위한 적정한 회복의 시간을 확보해야 한다. 회복에 충분한 시간을 갖지 않으면 리더는 부정적인 현상을 자기 합리화로 무력화한다. 이런 결과로 증상은 점점 악화되어 간다. 과욕불급過慾不及이란 지나치면 모자란 것만 못하다는 뜻이다. 지나치게 자신을 희생하여 뭔가를 달성하려 할 때 반대편에서 이와 상쇄되는 부작용이 초래된다. 리더가 지나치게 목표를 높게 잡든지 목표에 집착하면 희생 증후군에 걸릴 위험이 높다.

무딘 연장으로 작품을 만들 수 없다

어느 날 감옥에 갇힌 소크라테스를 위로하러 제자들이 찾아갔다. 제자들은 "죄도 없는데 감옥에 갇히다니요." 하고 안타까운 심정을 토로했다. 그러자 소크라테스는 "그럼 너희는 내가 죄를 짓고 감옥에 와야 속이 시원하겠느냐."라고 말했다. 살다 보면 본인의 의지와 상관없는 일이 일어나곤 한다. 삶이 원하는 방향으로 나아가지 않고 있다는 징후들을 경험한다. 이를 '웨이크업 콜'이라 부르는데, 이는 실패, 사직, 사랑하는 사람과의 이별 등 뜻하지 않은 사건을 겪었을 때 겪는 감정을 말한다. 이런 일을 겪으면 우리는 지금까지와는 사뭇 다른 나 자신과 마주하는 경험을 한다. 잠시 방향감각을 잃고 어디로 가야 하는지, 내가 어디에 있는지 의심스러운 눈으로 자신을 돌아보게 된다.

누구에게나 위기가 닥칠 수 있다. 예상되는 위기도 있지만 예상하지 못한 위기도 있다. 직장 생활을 하다 보면 이런저런 위기를 겪는다. 예를 들면 나는 열심히 했는데 적정한 보상은커녕 불이익을 받는 경우가 있다. 이런 위기는 직급이 올라갈수록 심하다. 그 이유는 경영상의 이유도 있고 세대교체의 이유도 있다. 사람은 모든 것을 다 잘할 수는 없다. 자신에게 주어진 업무를 열심히 했더라도 자신이 통제할 수 없는 외부 환경이나 경영환경 등의 악재가 겹치면 어쩔 수 없이 불이익을 당하게 된다. 리더뿐만 아니라 구성원들도 마찬가지다. 직위나 자리에 대해 만족하지 못한 대우를 받으면 자존심이 상한다. 이런 화살을 맞으면 회복의 속도가 관건이다. 어떤 사람은 일 년 내내 힘들어하지만 어떤 사람은 모든 것을 수용하고 자신에게 주어진 상황에 맞게 살아가는 사람도 있다.

기계나 장비에는 실수로 사고가 나는 것을 막기 위해 2차로 사고를 방지해 주는 안전장치fail safety가 있다. 리더도 마찬가지다. 리더가 마음의 안정을 회복하고 웨이크업 콜에서 벗어나기 위해서는 적정한 휴식이 필요하다. 적정한 휴식은 리더에게는 2차 안전장치다. 리더에게 있어서 휴식이나 사색은 열심히 일하는 것 못지않게 필요한 일이다. 그럼에도 불구하고 시간을 낼 마음의 여유나 틈이 없다. **'쉼'을 통해 자신의 연장을 돌아보고 정비하고 고쳐야 한다. 날이 무딘 연장을 가지고는 작품을 만들 수 없다.** 리더에게는 새로운 성과, 새로운 아이디어를 내기 위해서 '쉼표'가 필요하다.

사람들은 살면서 인생의 전환점과 같은 일을 겪는다. 단조롭고 반복적인 일상 가운데서도 어느 순간에 웨이크업 콜을 경험한다. 이런 일은 내가 의도하지 않은 일, 전혀 계획하지 않은 일이다. 이런 일을 당하면 평소 보지 못했던 나의 모습을 들여다볼 수 있는 기회가 된다. 그렇기 때문에 평소에는 엄두도 내지 못했던 생각과 도전을 시도하여 새로운 기회로 만들 수 있다. 웨이크업 콜은 생각하기 나름이고 받아들이기 나름이다. 잠시 좌절을 겪을 수도 있지만 이런 웨이크업 콜은 또 다른 기회가 될 수 있다. 인생은 순탄치만은 않다. 어떤 사람에게는 웨이크업 콜이 도전과 성장의 기회가 되지만 어떤 사람에게는 좌절과 실패의 함정이 될 수 있다. 갈림길에서 어떤 길을 선택할 것인지는 마음가짐에 달려 있다.

구성원이 침묵하는 이유

요즘 젊은 세대는 공정과 성장, 가치를 대단히 중요하게 생각한다. 이 세 가지가 훼손되는 불이익, 불공정, 불의를 마주할 때 이들은 리더에게 이의를 제기하기도 한다. 그러나 리더는 구성원의 목소리는 무시한 채 일방적 지시와 명령으로 소통하려 한다. '소통疏通'의 사전적 의미는 '뜻이 서로 통하여 오해가 없음.'이다. 여기서 방점은 '서로', 즉 '양방향'에 있다. 리더의 일방적인 한 방향 소통은 엄밀히 말해 소통이 아니다. 진정한 소통은 내가 옳다는 생각이 들어도 구성원의 목소리에 충분히 귀를 기울이고 그들의 말이 합리적인지 아닌지를 따져 서로의 의견을 좁히는 노력을 하는 것이다. 리더는 일방적 지시와 명령이 아닌 이해와 소통으로 문제를 풀어야 한다. 리더가 자기 말만 옳다고 주장하고 구성원의 의견을 무시하거나 잘라버리면 양방향 소통이 되지 않는다. 이런 일이 몇 번 되풀이되면 구성원은 아예 입을 닫아버릴 것이다. 강압적인 리더의 지시나 행동은 가시덤불과 같아서 좋은 싹을 말려버리는 꼴이 된다. 그렇기 때문에 이런 리더의 조직은 탁월한 성과를 기대하기 어렵다.

공감 능력이 부족한 리더는 구성원의 말을 경청하지 않는다. 구성원들의 조언이나 의견은 필요한 부분만 편집해서 듣는다. 구성원의 말을 경청하지 않는 리더의 행동은 구성원들의 말을 자르는 데서부터 드러난다. 이는 구성원의 말을 다 들을 것도 없이 지레짐작으로 '너의 속마음을 내가 다 알고 있으니 내 귀중한 시간을 할애해서 말을 끝까지 듣고 싶지 않다.'는 표현이다. 구성원의 목소리를 듣는 것보다 리더 본인의 시간을 더 소중히 여기는 이기적인 행동이다.

가끔 우리는 성과는 자신이 노력한 결과이고 실패는 구성원이나 주변 환경 탓이라고 생각하는 리더를 본다. 심리학에서는 이렇게 실패의 원인을 여러 상황적인 요인으로 살펴보는 것이 아니라 남 탓으로 돌리는 현상을 '기본적 기인 오류fundamental attribution error'라 한다. 리더 생활을 오래 할수록 리더십을 행사하는 과정에서 이런 기인 오류에 빠지기 쉽다. 그렇기 때문에 리더는 항상 겸손해야 한다. 성과는 구성원의 몫으로 돌리고 실패는 자신의 탓으로 돌리는 리더가 구성원의 지지를 받는다. 그 반대의 리더는 구성원의 지지를 받기 어려울 뿐만 아니라 어느 순간에는 조직에서도 버림받을 것이다. 리더의 생각만으로 조직이 성과를 내기에는 분명 한계가 있다. 리더의 손과 발이 되는 구성원들의 협조가 필수적이다. 요즘 비즈니스 환경은 새로운 기술이 생겨나고, 엄청난 정보를 관리해야 하고, 다양한 분야와 협력해야 한다. 이런 환경은 리더 혼자만의 능력으로 감당하기 어렵다.

공감을 받은 구성원은 반드시 보답한다. 리더가 어려운 환경에 처하거나 힘들 때 이를 기억하고 나름 도움이 되고자 노력한다. 리더에게 받은 공감 이상으로 보답하고자 노력한다. 시켜서 하는 일과 자발적으로 하는 일에는 큰 차이가 있다. 무엇보다 리더는 구성원들의 자발적인 협조 없이는 탁월한 성과를 기대하기 어렵다. 리더가 일방통행을 하면 구성원은 침묵하게 된다. **구성원의 침묵은 리더의 말에 공감하지 않는다는 사인이다. 자신의 말만 하는 리더를 구성원은 잘 따르지 않는다.** 리더가 앞에서 솔선수범의 자세로 구성원과 함께 조직의 성과를 위해 이끌어가야 한다. 그래서 '리더십은 스타일보다도 성과를 만들어내기 위한 자발적인 협조와 추종을 이끌어내는 과정'이라고 하는 것이다.

화를 냄으로써 해결될 문제는 별로 없다

리더십이라 하면 카리스마 있는 리더가 떠오른다. 카리스마 있게 조직원을 휘어잡고 통솔하는 리더가 뛰어난 리더의 전형으로 소개되기도 한다. 또 어떤 리더는 조직의 특성과 업무에 대한 이해 없이 이전의 성공 방식이나 자신만의 업무 스타일을 고집하고 강요한다. 이런 리더들은 톱다운 방식으로 업무를 이끌어간다. 한마디로 '나를 따르라.', '내가 시키는 대로만 하라.'는 스타일이다. 이런 리더 밑에 있는 구성원은 지시와 복종을 강요당하기 때문에 수동적인 업무 스타일을 갖게 되기 쉽다. 구성원이 새로운 것을 기획해서 가져가면 '왜 시키지도 않은 일을 하느냐?', '쓸데없는 생각 말고 지시한 것이나 잘하라.'라고 야단치기도 한다.

구성원에게 외면받는 리더는 이전에 자신이 성장했던 발자취, 자신만의 성공 노하우를 구성원에게 강요하는 과정에서 구성원과 마찰을 빚는다. 또 구성원에게 갑질을 일삼는 리더는 조직으로부터 존재감을 인정받지 못하기 때문에 불안한 감정을 갑질로 드러내는 사람일 가능성이 높다. 이런 리더의 모습은 요즘 세대와 전혀 어울리지 않는 낡은 생각과 습관을 장착한 구태의 모습이다. 이런 리더는 환골탈태해야 한다. 새 술은 새 부대에 담아야 한다는 격언처럼 주변 상황이 변하고 새로운 리더십을 요구하는 환경에 발맞춰 변화해야 한다.

화를 냄으로써 해결될 문제는 별로 없다. 리더는 화낼 일이 있어도 평정한 상태를 유지해야 한다. 화를 내기보다 침묵이 훨씬 효과적이다. **화는 반발심을 불러일으키지만 침묵은 왜 침묵하는지 상대로 하여금 생각하게 한다.** 리더의 감정은 쉽게 구성원들에게 전이된다. 전염성이 강한 리더의 감정은 구성원에게 쉽게 이식되어 플러스 또는 마이너스 에너지로 작용될 수 있다. 리더의 부정적인 감정은 조직을 병들게 하고 리더와 구성원 간 불협화음을 만들어낸다. 리더가 구성원들의 잘못을 들추는 대신 장점과 자랑할 만한 일을 퍼뜨림으로써 조직에 긍정적인 에너지를 불어넣어 바람직한 방향으로 변화시킬 수 있다.

공감받는 리더가 되기 위해서는 인내가 필요하다. 리더가 감정을 제어하기란 쉽지 않다. 일례로 A를 정리해 오라면 B를 정리해 가지고 오는 구성원이 있다. 시간이 촉박한데 길을 잘못 든 경우다. 화가 나지만 그 순간에 화를 참는 인내가 필요하다. 인내는 그냥 오지 않는다. 훈련이 필요하다. 화를 내봤자 여기서 얻게 되는 화풀이는 잠시뿐이고 곧 후회가 밀려온다. 화를 내서 얻는 것은 별로 없다. 화도 연속적이어서 화난 감정이 다른 일에도 전염된다. 업무의 리듬이 깨지고 화난 감정은 장작불의 불씨처럼 다른 소재로 옮겨붙기 쉽다.

리더는 실패 비용을 줄이기 위해 구성원의 신뢰를 얻는 것이 중요하다. 평소 이미지를 잘 관리한다고 해도 순간적으로 화난 모습을 보이면 이 모습이 이미지로 굳어버린다. 구성원에게는 리더의 평소 평온하고 온화한 모습보다 한 번의 화난 모습이 각인된다. 한 번의 화로 리더의 이미지는 다혈질적이고 감정의 기복이 심한 사람으로 낙인찍힌다. 좋은 이미지는 단기간에 쌓기 어렵지만 나쁜 이미지는 한 번의 실수로도 충분하다. 나쁜 이미지는 구성원의 입소문을 타고 빠르게 확산되고 쉽게 없어지지 않는다. 오랜 기간 좋은 사람이라는 것을 스스로 증명하지 않는 이상 나쁜 이미지는 내구성이 강하다.

주어진 환경이 리더의 통제를 벗어난 경우가 많기 때문에 리더에게는 인내심이 요구된다. 리더가 잘한다고 해서 거센 파도가 잔잔해지지 않는다.

감정을 조절하지 못하는 상사 밑에는 구성원은 오래 붙어 있지 않는다. 좋은 구성원을 잃지 않으려면 분노하는 감정부터 다스릴 줄 알아야 한다.

좋은 리더가 되려면 무엇보다도 감정을 조절해야 한다. 감정은 그냥 마음먹었다고 되는 것이 아니다. 냄비 뚜껑처럼 사소한 일에 분노하는 리더가 많다. 감정을 조절하기 위해서는 매일 인내해야 한다. 좋은 문구를 책상에 붙여놓고 매일 읽는 것도 감정을 조절하는 데 효과적이다. 노력하지 않는 이상 감정 조절은 어렵다. 평정심을 잃지는 않았는지, 사소한 일에도 분노하지 않았는지 매일 스스로 돌아보고 반성하는 자세는 화내는 버릇을 고치는 좋은 방법이다.

미국 프로농구 통계를 보면, 자유투 성공률은 상대팀과 점수 차가 얼마 나지 않아 심리적으로 초조한 상황에 쫓기고 있을 때 저조했다. 리더는 자신의 상태가 어떤지 정기적으로 점검하는 장치가 필요하다. 성공과 성과에 함몰되어 리더가 자신을 점검할 시간을 갖지 못하면 어딘가에 문제가 발생한다. 자동차도 가속페달을 계속 밟고 있으면 엔진에 무리가 간다. 적정한 시점에 수동이든 자동이든 변속을 해야 엔진이 정상적으로 작동된다. 초조하거나 서두르는 것은 사고의 원인이 된다.

공감은 관심을 갖는 것이다. 상대의 입장에서 생각하고 행동하는 것이다. 관점을 바꾸어 주어를 내가 아니라 상대에 두는 것이다. 대부분 대인 관계가 틀어진 사람들은 이와 반대로 행동한다. 언제나 내 중심으로 판단하고 행동한다. 상대에 관심이 없고 상대가 나를 어떻게 생각하고 판단하는지에도 관심이 없다. 공감은 조직을 살리는 동시에 내가 관심을 받는 최고의 지름길이다.

직장에서 힘을 받을 때는 누군가 자기를 인정해 주는 사람이 있을 때다. 나를 관심 있게 지켜보고 있는 상사가 있다면 든든한 힘이 된다. 비록 당장은 아니지만 언젠가 나에게 힘이 되어줄 것이라고 믿고 있다. 상사가 나의 성장에 관심을 가지고 나를 지켜봐 주고 지원해 주고 있다는 것을 알고 있는 구성원은 자발적으로 리더의 생각에 협조한다.

리더는 내가 옳다는 생각을 버리고 내가 틀릴 수도 있다는 생각을 가지고 구성원과 소통해야 한다. 나를 공감해 주는 사람에게는 함부로 대하지 못한다. 공감은 상대적인 것이어서 공감을 주면 공감을 받게 되어 있다. 그러면서 신뢰와 배려가 싹튼다.

자리가 그 사람을 보여준다

고정관념에 사로잡힌 리더가 있다. 이런 리더는 이전에 학습한 것에서 변화하거나 탈피하지 못하고 그 사고방식에 머무르면서 변화를 거부한다. 고정관념에 사로잡히면 상대의 얘기를 잘 들으려 하지 않는다. 듣는 것 같다가도 얼마 안 가서 원위치로 돌아온다. 고정관념에 사로잡힌 사람의 특성은 자기가 고정관념에 잡힌 줄 모른다는 것이다.

"권력은 공감 능력을 죽이는 종양과 같다." 미국인 소설가 헨리 애덤스Henry Adams의 말이다. 높은 자리에 올라갈수록 공감 능력은 점점 줄어든다. 위로 올라갈수록 주위에서는 듣기 거북한 말에는 귀를 닫고 듣기 좋은 말에만 반응한다. 불편한 정보는 걸러지고 다듬어져 리더의 입맛에 맞는 것으로 요리되어 올라간다. 솔직하게 문제를 지적하고 진실을 말하는 사람을 어리석은 리더는 곁에 두지 않으려고 한다. 불편하기 때문이다.

자기 입맛에 맞는 음식들로 편식하기 때문에 영양이 골고루 섭취되지 않는다. 리더 입맛에 맞는 사람들로 리더 주위가 포위되면 리더는 문제를 제대로 파악하기 힘들다. 리더가 되면 공감보다는 추종을 강요한다. 그래서 리더는 공감 결핍증에 걸리기 쉽다. 리더가 몰락하는 이유는 주변의 칭찬과 찬사에 둘러싸여 문제를 제대로 보지 못하기 때문이다. 공감 결핍증에 걸리면 오만과 편견이 자리를 잡는다. 사리 판단이 흐려져 자기를 추종하는 사람들의 의견에만 몰두하다 보니 편향적인 시각을 가질 수밖에 없다.

구성원이 싫어하는 리더는 아랫사람의 얘기를 무시하는 리더다. 자기 말만 하거나 말이 채 끝나기도 전에 말을 자르는 리더는 자기 얘기를 잘 이행하는 것이 소통이라고 생각한다. 즉 쌍방향이 아닌 일방향 소통만을 얘기한다. 소통의 부재는 경청의 부재다. 마찬가지로 경청의 부재는 소통의 부재를 가져온다.

소통이 잘 안되는 리더는 구성원이 상처를 받아도 공감하지 못하고 자기 기분에 따라 하고 싶은 말만 한다. 리더의 한마디는 구성원의 사기를 죽이기도 하고 살리기도 한다. 직원이 회사를 떠나는 대부분의 이유는 회사가 싫어서가 아니라 상사와의 갈등 때문이다.

리더 중에는 구성원의 말을 경청하기보다 구성원을 장악하는 것이 리더의 역할을 잘하는 것이라고 생각하는 리더가 있다. 이런 리더는 자신의 성과나 자리를 위해서 구성원을 혹사시키고 함부로 대하는 것에 개의치 않는다. 이기적인 리더는 구성원의 감정에 손상을 주더라도 자기만 잘되면 된다고 생각한다.

직급이 낮은 구성원을 얕잡아 보는 것은 금물이다. 비즈니스의 상대를 평가할 때 레스토랑에서 종업원을 상대하는 태도를 보고 이 사람과 거래를 할지 판단하기도 있다. 그만큼 아랫사람을 대하는 태도는 리더의 평가 목록이 된다. 리더 중에는 자기보다 직급이나 직책이 높은 사람에게는 깍듯하지만 자기보다 직급이 낮은 구성원에게는 함부로 대하는 사람이 있다. 리더의 진심을 볼 수 있는 대목이다.

승진할 때 주변의 평판은 중요하게 작용한다. 경영진은 후보 리더들의 스펙만 보지 않는다. 평판은 위로 올라갈수록 중요하게 작용한다. 능력은 있지만 더 이상 높은 자리로 올라가지 못하는 리더는 주변의 평판을 관리하지 못했을 가능성이 크다.

자기가 잘났다고 떠들고 다닐수록 반작용이 일어난다. 이런 사람은 주변에서 겸손하지 않은 사람으로 간주된다. 평판은 제삼자가 한다. 무시할 수 없는 평판은 조직 내 구성원과 동료들의 평판이다. 이런 평판은 날개를 달고 퍼진다. 발 없는 말이 천 리를 가듯 이런 평판은 일부러 들으려 하지 않아도 자연스럽게 도달된다.

"자리가 사람을 만든다."라는 말이 있다. 그러나 공자는 "자리가 사람을 만드는 게 아니라 자리가 그 사람을 보여준다."라고 했다. 자리에 맞게 사람이 변하는 것이 아니라 사람이 지닌 본성과 참모습을 자리가 보여준다는 뜻이다. 즉 **리더가 자신의 위치에서 어떤 모습을 보이는지를 보면 그 사람이 어떤 사람인지 알 수 있다.**

악기를 배우는 데 가장 중요한 신체 부위는 눈과 손이 아니라 귀라고 한다. 구성원들이 좋아하는 리더의 공통적인 특징은 잘 들어준다는 것이다. 잘 들어준다는 것이 모든 문제를 잘 해결해 준다는 뜻은 아니다. 리더에게 필요한 것은 구성원의 어려움이나 상황을 듣고 이해하려는 자세다.

듣지 말고 경청하라

상대의 말에 경청하는 것은 밥에 뜸을 들이는 것과 같다. 설익은 밥은 소화도 잘 안될뿐더러 밥맛도 없다. 경청은 딱딱한 쌀에 김이 잔뜩 스며들어 물러지도록 하는 것과 같다. '듣다.'라는 단어 'Listen'의 알파벳 순서를 바꾸면 'Silent'로 '침묵하다.'의 뜻이 된다. 즉 듣는다는 것은 침묵이 전제된다는 것이다. 듣는 동안 상대방의 말을 끊지 않고 '침묵'하면서 끝까지 듣는 것이 경청이다.

건성으로 듣는 것과 집중해서 듣는 것에는 차이가 있다. 건성으로 듣는 사람은 상대의 얘기를 처음 몇 마디만 듣고 단정해 버린다. 경청은 처음부터 끝까지 주의 깊게 듣는 것이다. 주의 깊게 듣다 보면 상대방이 어떤 말을 하는지 맥락을 이해할 수 있다. 대충 들으면 알아낼 수 없는 핵심을 찌르는 말도 간파해 낼 수 있다. 주제가 불분명하고 중언부언하는 사람의 얘기에서도 듣는 사람의 관심과 능력에 따라 중요한 단서를 파악할 수 있다.

상대방의 얘기가 빤하다고 판단하여 얘기가 끝나지도 않은 상태에서 말을 자르고 자신의 말을 하는 것은 경청이 아니다. 상대의 말이 끝나기까지 침묵해야 한다. 말을 자르고 싶은 욕구가 일어도 참고 끝까지 들어야 한다. 상대방의 말을 끊으면 상대방에 대한 예의도 아닐 뿐만 아니라 결국 주변 사람들에게 대화 기피 대상자가 되기 십상이다. 상대방의 말보다 자신이 하고 싶은 말이 먼저라고 생각하는 이런 태도는 보통 지위가 높은 사람일수록 더 많이 한다. 말하는 사람이 요점을 정리해서 말하는 것도 중요하지만 듣는 사람의 태도 역시 중요하다. 특히 **지위가 높은 사람일수록 자신이 들으려는 자세가 제대로 되어 있는지 항시 점검해야 한다.**

공감하는 리더의 모습을 보이고 싶다면 일단 말의 비중을 줄이고 대신 구성원의 말에 반응을 잘 해주어야 한다. “그래 맞는 말이야.”, “그래서 어떻게 됐어?”, “그러면 뭘 하면 좋을까?”, “참 좋은 말이네.” 등 구성원의 말에 공감을 표시하는 것이다. 그러면 구성원에게서 그들의 말을 더 이끌어낼 수 있다. 리더가 구성원의 말을 경청하면 구성원이 어떤 일에 관심을 가지는지 알아낼 수 있다. 그들의 고민거리, 불편한 상황, 하고 싶은 일 등을 알아낼 수 있다. 경청은 인내를 필요로 한다. 인내하기 위해서는 겸손한 마음이 필요하다. 내가 상대보다 우월하다는 생각을 버리고 말하는 상대에게 눈높이를 맞추고 동등한 입장에서 들어야 한다. 상대보다 많이 알고 있거나 우월하다는 생각을 하면서 상대의 말을 들으면 말을 자르게 된다. 겸손하지 않으면 듣는 자세부터 망가진다. 그러면 말하는 사람은 보이지 않는 장막에 가려 스스로 내려놓지 않는다. 말하는 사람은 내 말을 들어줄 준비가 되었는지 분위기를 감지한다.

리더의 태도 못지않게 구성원도 리더의 얘기를 경청하는 것이 중요하다. 리더가 무슨 말을 하는데 자꾸 끼어든다는 느낌을 주는 구성원이 있다. 이런 것을 이해해 주는 리더가 있다면 그냥 넘어가지만 문제 삼는 리더는 한마디 한다. 리더가 무슨 지시를 하고 있는데 구성원이 리더의 말이 채 끝나기도 전에 자꾸 끼어드는 건 정도가 심하다 싶은 생각이 들기도 한다. 끝까지 경청해야 상대방이 무슨 말을 하는지 이해하고 공감할 수 있다. 경청 없이 상대방을 공감한다는 것은 거짓이다. 공감은 내가 하고 싶은 말보다 상대방의 말을 경청할 때 시작된다. 공감이 이루어지지 않는 곳을 보면 안다. 경청이 얼마나 안 되고 있는지.

지금 가장 중요한 사람

대문호 톨스토이가 "말을 해야 할 때 하지 않으면 백 번 중에 한 번 후회하지만, 말을 하지 말아야 할 때 말을 하면 백 번 중에 아흔아홉 번 후회한다."라고 강조했다. 하지만 많은 리더가 이와 반대로 행동한다. 말을 하지 않는 상황이 유리하지만 쓸데없는 말로 구성원의 마음에 상처를 주고 분위기를 다운시킨다.

리더는 자기가 한 말에 책임을 져야 한다. 그렇기 때문에 리더는 가볍게 말해서는 안 된다. 리더의 말이 휘발성이 강하면 구성원은 리더가 한 말에 신뢰를 갖지 못한다. 가볍게 말하기보다는 차라리 침묵을 지키는 것이 더 유익하다. 리더가 가볍게 보이기 시작하면 리더의 말이 먹히지 않는다. 리더가 말을 많이 하면 의도하지 않게 책임지지도 못할 말을 하게 된다. 리더는 말을 줄이고 구성원의 말을 듣는 습관을 키워야 한다. 듣는 습관도 훈련이 필요하다.

구성원은 리더의 말에 따라 에너지가 충전되기도 하고 방전되기도 한다. 즉 구성원은 리더의 말에 따라 기분이 좌우된다. 금요일에 자신의 성과에 대해 리더로부터 좋지 않은 피드백을 받으면 주말 내내 마음 한구석이 어둡다. 반대로 리더로부터 칭찬을 받으면 자신감이 생긴다. 구성원은 자신 기분의 일정 부분을 리더에게 의존하는 경향이 있다. 보통 리더는 남의 말을 잘 듣는다고 생각한다. 착각이다. 본인만 그렇게 생각하는 거다. 인내가 필요한 대목이다. 말하기보다 듣는 것이 훨씬 어렵다. 구성원의 말을 들어보라. 자신이 생각하는 자화상과는 차이가 있을 것이다. 리더가 하고 싶은 말을 줄일 때 구성원과 이어지는 연결 고리가 생겨난다.

나쁜 리더는 상사에게 실패의 원인을 설명할 때 자신의 실책은 감추고 아랫사람 또는 타 부서의 잘못을 부각시켜 그럴듯하게 보고한다. 모르는 사람이 들으면 이 리더의 말이 맞는 것같이 들린다. 이런 리더일수록 상사의 비위를 잘 파악하고 코드에 맞는 언행을 구사한다. 그러나 속사정을 잘 아는 내부 사람이나 그 분야의 전문가가 들으면 그가 얼마나 둘러대는 말인지 알 수 있다. 나쁜 리더는 자신의 이런 부족한 상황을 교묘히 감춘다. 자신에게 불리한 상황을 모면하고자 타인에게 해를 끼치는 사람은 상대를 비난함으로써 '도덕적 분리' 상황으로 이를 피해가고자 한다. 타인에게 심리적 고통을 가져다주는 상황을 만드는 사람은 양심에 굳은살이 박여 감정의 파고를 피할 수 있다. 나쁜 리더는 상사가 공감하게끔 없는 일도 만들어서 얘기한다. 하지만 자신으로 인해 타인구성원과 동료이 얼마나 고통을 받는지 알지 못한다. 주변을 살피고 공감하려는 마음이 전혀 없다.

경영진이 공감 능력이 떨어지는 리더를 곁에 두는 것은 큰 실책이다. 공감하지 않는 리더가 회사의 자원을 얼마나 갉아먹는지 모른다. 이런 리더 곁에서는 우수한 인재가 떠나는 것은 물론 조직의 에너지를 떨어뜨려 생산성을 크게 저하시킨다. 공감하지 못하는 리더는 구성원의 잘못은 나와 관계가 없는 것일 뿐만 아니라 내가 수없이 지도하고 교육했는데도 구성원이 말귀를 못 알아듣고 잘못한 것으로 상사에게 고해바친다. 긍정적인 구전보다 부정적인 구전이 훨씬 강한 전파력을 가짐에도 불구하고 주변에 구성원의 부정적인 구전을 일부러 퍼뜨린다. 이런 리더를 누가 따르겠는가.

좋은 리더는 상사에게 구성원의 잘잘못을 얘기하지 않는다. 구성원의 잘못이 곧 자기의 잘못이라 생각하기 때문이다. 구성원의 잘못은 덮어주고 잘한 점은 부각시킨다. 공감하는 리더는 구성원에 대한 부정적인 면은 감추고 긍정적인 구전을 주변 사람에게 퍼뜨린다. 리더는 구성원의 잘못에는 침묵해야 한다. 설사 구성원이 실수를 했더라도 조용히 따로 불러 자초지종을 들어보고 그에 맞는 조언과 용기를 주는 시간을 가져야 한다. 반대로 구성원이 잘해서 칭찬받을 일이 있다면 조직의 구성원뿐만 아니라 옆 부서까지 들릴 정도로 구성원의 성과를 얘기해야 한다. 한마디로 실수는 조용히, 칭찬은 크게 말해야 한다. 구성원에 대한 비판, 비난, 불평 대신 구성원을 진심으로 인정하고 칭찬하는 마인드를 갖는 것이 진정한 리더의 자세다.

상대가 무엇을 원하는지, 무엇이 필요한지에 관심을 가지는 것이 공감이다. 상대가 머뭇거리는 것을 파악하고 먼저 필요한 처방을 해주는 것이 공감이다. 공감은 상대의 정곡을 찌르는 것과 같다. 명의가 환자의 아픔을 잘 진단해서 처방하는 것과 같다. 공감은 조직을 따뜻하게 한다. 분열에서 화합으로 이끈다. 리더가 말을 많이 하면 본인의 입장만 표현하기 때문에 구성원의 마음을 읽기 어렵다. 끝까지 내 말에 귀를 기울이는 사람에게 속마음을 털어놓을 수 있다. 그냥 건성으로 듣는 것이 아니라 진심으로 들어주는 사람에게 마음이 열리기 때문이다. 진심으로 듣기 위해서는 말하는 사람에게 집중해야 한다. 바짝 다가가 **상대와 눈을 마주치며 '지금 내가 당신에게 가장 중요한 사람이다.'라고 느끼게 해야 한다.** 듣는 것도 훈련이 필요하다. 상대에게 집중하고 신뢰와 확신을 주는 태도로 귀 기울이는 훈련이 필요하다. 듣는 태도는 상대방을 존중한다는 표시다.

"남의 삶에 햇살을 비추는 사람은 스스로 햇살을 받기 마련이다." 피터팬의 작가 제임스 매슈 배리James Mathew Barrie의 말이다. "말하는 것은 지식의 영역이고 듣는 것은 지혜의 영역이다." 미국 대법관 올리버 웬들 홈스의 말이다. 경청은 상대로 하여금 자신이 상당히 중요한 사람임을 느끼게 한다.

카이로스 시간을 만들어라

사람들의 감정에 주파수를 맞추는 것이 공감이다. 하지만 선입견은 타인의 감정에 주파수를 맞추는 것을 방해한다. 리더가 성과에 집착하고 뭔가 조바심이 생기면 색안경을 끼게 된다.

어두운 터널 속을 달리는 운전자가 터널 끝에 있는 빛만 보게 되는 시각장애 현상을 '터널 비전Tunnel vision 현상'이라 한다. 성과에 대한 중압감이 지나치면 때때로 터널 비전 현상을 경험한다. 균형 있게 보지 못하고 한쪽만 편중하여 보게 된다. 자신이 원하는 곳에만 집중한 나머지 주변에 대해 무감각해진다. 이런 리더는 자신이 지시하는 것만이 중요하고 우선시되어야 한다고 생각한다. 자신에게 집중한 나머지 남을 보지 못한다.

리더는 어떻게든 성과를 내겠다는 마음을 버려야 한다. 대신 실수하지 않겠다는 마음으로 주사위를 던져야 한다. 실수하지 않으려면 어떻게 해야 하고 실수를 유발하는 함정을 어떻게 피해야 하는지. 실패하더라도 피해가 최소가 되는 방법을 선택해야 한다.

리더는 주변을 잘 살펴야 한다. 항상 눈을 크게 뜨고 주의를 기울이는 일을 게을리해서는 안 된다. 터널 비전 현상을 자주, 반복적으로 보이는 리더의 주변에는 이상기류가 감지된다. 리더가 넓게 보지 못하고 시야가 좁아지고 편협해졌다는 말이 나오기 시작한다. 주변과도 불협화음이 자주 발생한다. 리더의 스트레스는 점점 극에 달해 심리적으로도 불안한 상태가 된다. 직장에서뿐만 아니라 가족 관계도 소원해지기 쉽다.

리더가 일에만 몰두하다 보면 다른 것은 눈에 들어오지 않기 때문에 정서적으로 메마를 수 있다. 특히 리더가 일에 몰두한 나머지 가족 사이에 말수가 줄었다든지 관계가 이전 같지 않다면 리더는 먼저 가족 관계부터 재설정해야 한다. 가족 관계가 훼손되었다는 것은 리더로서 가장 기본적인 인간관계가 무너졌다는 것으로 간주할 수 있다. 가족 관계는 동료 및 구성원과의 관계와 연결되어 있기 때문이다. 이러한 원인은 성과에 대한 과도한 욕심에서 비롯된다. 즉 성과에 대한 집착이 만들어낸 부산물이다. 성공만을 추구하는 과정에서 사람은 자아를 잃어버리기 쉽다. 업무와 휴식, 직장과 가정이라는 균형을 유지하지 못하고 업무에 과도하게 집착하는 경우 그 대가는 일상에서 인간관계에 지장을 초래하게 된다. 심리가 불안한 상태에서는 통제력을 잃기 쉽고 뇌는 스트레스를 받으면 기능이 저하된다. 리더가 이런 상황이라면 구성원과 고객에게 주의를 집중할 수 없다.

리더는 일상 중에 여가라는 공백을 만들 필요가 있다. 성과에 대한 책임감, 승진이나 보상에 대한 집착으로 여가는커녕 일을 머리에 이고 생활하는 리더가 있다. 모든 것은 리더가 스스로 선택한 것이다. 리더는 스스로 회복하기 위해 노력해야 한다. 카이로스의 시간이라는 것은 즐거운 시간, 선물 같은 시간을 말한다. 여유가 없고 스트레스로 **리더의 일상이 삐걱대고**

있다는 느낌이 들면 삶의 속도를 줄이기 위해 의식적으로 핸들을 잠깐 다른 방향으로 틀어보자. 그리고 좋은 느림, 카이로스 시간을 실천해 보자.

리더는 다른 사람을 통해 성과를 내는 사람

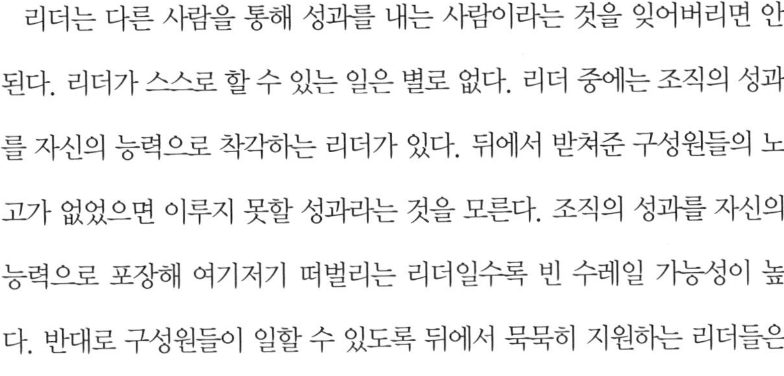

리더는 다른 사람을 통해 성과를 내는 사람이라는 것을 잊어버리면 안 된다. 리더가 스스로 할 수 있는 일은 별로 없다. 리더 중에는 조직의 성과를 자신의 능력으로 착각하는 리더가 있다. 뒤에서 받쳐준 구성원들의 노고가 없었으면 이루지 못할 성과라는 것을 모른다. 조직의 성과를 자신의 능력으로 포장해 여기저기 떠벌리는 리더일수록 빈 수레일 가능성이 높다. 반대로 구성원들이 일할 수 있도록 뒤에서 묵묵히 지원하는 리더들은 성과가 나오더라도 구성원에게 돌린다.

공감 없는 리더에게서는 기대 수준에 못 미치는 성과가 나온다. 공감 없는 리더는 상사에게 깨지지 않을 정도로만 일의 성과를 내놓는 한계성을 지닌다. 하지만 공감하는 리더는 구성원이 충성을 다하기 때문에 탁월한 성과, 기대 이상의 성과가 나올 확률이 높아진다. 공감 없이 지시만 하는 리더에게는 지시한 것만 성과로 가지고 간다. 그렇기 때문에 공감 없는 리더의 성과물은 연속성을 가지기 어려워 시간이 지나면 무용지물이 되기 쉽다. 하지만 리더가 구성원을 공감하면 이를 바탕으로 한 성과물은 연속성이 있다. 구성원은 정성스럽게 만든 결과물을 사장시키고 싶어 하지 않기 때문이다.

리더가 구성원에게 공감을 받으려면 구성원의 성과를 전파해야 한다. 리더가 조직을 이끌면서 성과를 내고 리더의 일에 도움을 주는 구성원이 있다면 구성원에게 감사를 표현하고, 더 나아가 관련 있는 사람에게 이를 전파해야 한다. 구성원은 자기에 대한 긍정적인 구전을 퍼뜨린 사람을 알게 된다. 인지상정으로 자기 얘기를 좋게 전파한 리더를 다른 사람에게 험담하지 않는다. 오히려 리더의 충성스러운 아군이 될 것이다.

구성원에 대한 공감이 없는 리더는 탁월함을 추구하기 어렵다. 다시 말해 구성원이 리더에 공감하지 못하면 탁월한 성과를 기대하기 어렵다. 탁월함은 지시와 복종에서는 기대하기 어려운 대목이다. 사람의 마음은 공감을 해주는 사람에게 머문다. 일본에서 경영의 신으로 불리는 마쓰시타 고노스케는 "사업의 성패는 거래하는 사람들이 얼마나 당신을 이해해 주느냐에 달려 있다."라고 말했다. 주변 사람을 공감하고 한결같이 일에 전념하면 역경도 고난도 이겨낼 수 있다.

상사 중에는 격려나 공감에 인색한 사람이 많다. 어떤 리더는 부하 직원에게 격려나 공감하는 것이 리더십에 약점을 보이는 일이라고 생각한다. 또 어떤 리더는 자신이 지시한 것을 구성원이 잘 실천하는 것을 소통이 잘되는 것이라 간주하고 지시와 명령으로 일방향 소통을 한다. 리더는 통보와 지시가 아닌 구성원들과 충분한 소통과 이해 안에서 성과를 내야 한다.

리더는 윗사람으로부터 성과에 대한 압박을 많이 받는다. 이를 고스란히 부하 직원에게 표현하는 상사도 있지만 상당히 걸러 부하 직원에게 얘기하는 상사도 있다. 이 과정에서 인내라는 브레이크를 작동하기 위해 에너지를 많이 소모한다.

리더의 표정이 변하거나 말수가 줄어들면 뭔가 문제가 있다는 사인이다. 조직에서 리더의 이런 모습을 알아채는 구성원은 많지 않다. 이런 모습을 알아채려면 늘 리더에게 관심을 가져야 한다. 리더는 이런 구성원이 옆에 있는 것만으로도 든든하다. 목마를 때 마실 물이 생각나는 법이다. 누구나 어려운 일을 겪을 때가 있다. 혼자 힘으로 어려움을 이겨내기 버거울 때 옆에서 누군가 나의 고민과 어려움을 알아주는 것만으로도 힘을 얻을 수 있다. 공감은 톱다운 방식이 정상 루트다. 윗사람이 아랫사람을 공감하고, 힘 있는 사람이 힘없는 사람을 공감하는 것이 자연스럽다. 억압받는 사람이 억압하는 사람을 공감하는 것은 뭔가 이상하다.

구성원 또한 리더가 책임자로서 받는 책임감의 무게를 어느 정도 공감해야 할 필요가 있다. 위로부터 받는 스트레스를 혼자 삭이는 리더도 많다. 리더도 사람인지라 자신을 억누르고 있는 중압감에 대해 누가 알아주길 바란다. 리더가 받는 중압감은 같은 조직 내에 있는 구성원이 가장 많이 알 수 있다. 성과가 부족하여 받는 스트레스, 조직의 문제에 대한 스트레스는 같은 조직에 있는 구성원만이 알 수 있다. 리더에 대한 구성원의 공감이 필요한 대목이다.

체면상 어려운 현실을 내색하지 않는 리더가 있다. 표현하지 않는 리더라 해서 고민이 없는 것은 아니다. 오히려 자신을 억누르고 있는 고민을 구성원이 알아주길 바라기도 한다. 리더의 마음을 알아주는 구성원의 따뜻한 말 한마디가 리더에게는 얼어붙은 대지를 녹이는 봄비와 같다. 이런 구성원은 리더의 관심을 더 받는다. 리더가 더 챙겨주고 싶은 구성원이 된다. 이렇게 해서 조직에는 공감의 순환이 형성된다. 공감은 받기만 하는 것이 아니다. 공감은 주고받는 쌍방향이다.

리더가 구성원을 공감해야 하듯 구성원도 리더를 공감하는 것이 필요하다. 구성원이 리더를 공감하는 것은 쉽지 않은 일이다. 리더가 평소에 구성원을 그만큼 많이 챙긴 결과일 수도 있다. 주는 만큼 받는다고 한다. 많이 주었으면 많이 받고 적게 주었으면 적게 받는다. 리더가 평소에 많이 베풀고 공감하면 구성원도 리더를 많이 공감할 것이다.

우리의 뇌 속에는 공감 유전자가 흐르고 있다. 학자들의 연구에 의하면 인간의 감정은 미러링mirroring이 된다고 한다. 이는 타인의 고통, 괴로움, 기쁨의 감정을 무의식적으로 같이 느끼는 것이다. 미러링 현상은 서로를 더 잘 이해하고 공감할 수 있게 해주며 상대방과 유대감을 증진시키는 효과가 있다. 이런 미러링이 잘 일어나려면 서로 호감을 가져야 하는데 먼저 리더가 호감을 갖고 구성원을 대해야 한다.

리더가 지시만 하고 보고만 받으려 한다면 구성원의 공감을 받기 어렵다. 어려운 일, 궂은일을 구성원에게만 맡기기보다 리더가 앞장서서 해결하려고 할 때 구성원은 리더를 따른다. 리더의 솔선수범은 구성원으로부터 공감을 받는 데 가장 큰 무기가 될 것이다.

상사가 무심코 던진 말을 구성원은 가볍게 여기지 않는다. 농담 속에 진담이 있다고 생각한다. 구성원은 리더가 성과에 앞서 과정을 이해하고 "고생했어.", "잘했어."라고 건네는 따뜻한 말 한마디를 더 듣고 싶어 한다. 상사의 관심으로 구성원이 작은 업무라도 잘 수행했을 때 적극적으로 칭찬해 주면 구성원은 이를 계기로 발전한다. **구성원의 성장을 이끌어주는 리더, 충분한 시간을 주고 성과가 나올 수 있도록 지원해 주는 리더 주변에는 인재가 모인다.** 리더의 신뢰는 에너지를 불어넣는 일이다. 리더가 신뢰를 주지 않으면 구성원에게 에너지 공급을 중단하는 것과 같다.

모든 것은 마음먹기에 달려 있다. 조직은 리더가 품은 마음의 '그릇' 크기 이상으로는 성장하지 못한다. 탁월한 성과는 우수한 인재가 내는 것이 아니라 '사람의 마음'이 낸다. 일본에서 경영의 신이라 일컬어지는 이나모리 가즈오가 평생에 걸쳐 깨달은 점은 '인생은 마음먹기에 따라 끝없이 바꿔나갈 수 있다.'는 것이었다. 기업의 인재 경영이란 것도 결국 사람의 마음을 얻는 것이다. 자신이 소중한 사람으로 인정받을 때 사람의 능력은 배가 된다. 반기문 전 유엔 사무총장은 "인맥을 소중히 하라. 금맥보다 더 중요한 것은 인맥이다."라고 인간관계의 중요성을 강조했다. 리더를 띄워주는 것도 구성원이요, 리더를 침몰시키는 것도 구성원이다.

문제와 마주하기

우리는 상대가 가진 문제를 해결해 줄 수 있는 능력이 없다. 그래서 상대에게 어려운 문제가 있어 보여도 애써 외면하거나 눈감고 모르는 척한다. 해결해 줄 수 없어 부담스럽기 때문이다. 하지만 어려움을 겪는 상대는 해결을 바라고 문제를 털어놓는 것이 아니다. 나의 처지를 이해해 주고 내가 얼마나 어려움을 가지고 살아가는지 알리고 싶은 것이다.

공감은 문제의 해결에 앞서 나의 처지를 온전히 이해해 주는 동반자를 만나는 것이다. 이런 동반자를 만나면 내 속에 있던 캄캄한 문제가 밖으로 나와 빛을 보게 된다. 음습한 곳에서 습기를 먹어 점점 커지고 무거워지던 문제가 빛을 보게 되면 건조되고 살균되어 조금씩 가벼워진다. 무거워 혼자는 도저히 들 수 없던 짐의 무게가 가벼워지는 것이다. 상처받은 사람은 문제를 객관적으로 보기 어렵다. 그래서 자기 입장에서 상상하고 단정 지으며 상처를 키운다. 문제를 털어놓을 수 있는 상황이 된다는 것은 좀 더 자신의 문제를 객관적으로 볼 수 있는 용기가 생기는 것이다. 이렇게 공감은 자신의 문제에 객관성을 부여할 수 있도록 돕는 것이다.

문제의 원인을 알아야 처방을 할 수 있다. 많은 사람이 수동적으로 문제와 맞닥뜨리고 어쩔 수 없는 상황이라 치부해 버린다. 환경은 내가 원하는 대로 조절할 수 없다 치더라도 환경에 대처하는 나는 조절할 수 있다. 그래야 문제를 딛고 일어설 수 있다. 아무 문제 없는 세상은 없다. 크든 작든 매일 문제가 발생하고, 문제와 싸우고, 문제를 뒤로한 채 또 다른 문제와 마주한다. 살아가면서 우리가 당면하는 문제는 연속성이 있고 지속성이 있다. 누구나 문제가 커지는 상황을 원치 않는다. 문제는 문제를 낳기 때문에 문제 자체를 꺼린다. 그렇지만 문제를 외면하고 문제를 따돌리고 살 수는 없다.

어쩌면 인생은 연속된 문제를 동료 또는 친구로 생각하며 살아가야 하는 것이 아닐까 생각해 본다. 우리는 문제를 해결하기 위해서 문제가 어디서 왔는지 질문해야 한다. 문제의 친구들이 누구이며 어디로 가는지 물어봐야 한다. 왜 문제가 나에게 왔는지 나와 어떤 관계를 원하는지 물어봐야 한다. 묻지 않으면 대답을 들을 수 없다.

공감은 질문하고 질문받는 것이 중요하다. '교육하다educate'의 어원은 '이끌어내다.'라는 뜻의 라틴어에서 유래되었다. 이끌어내는 것은 유도하는 것, 즉 질문을 던지는 것이다. 여러 겹으로 둘러싸인 문제를 한 번에 해결하기는 어렵다. 한 꺼풀씩 걷어내면서 해결의 실마리를 찾아야 한다. 사람의 마음은 질문과 답변이라는 상호작용을 통해 이해하고 서로를 알게 되는 과정을 거친다.

공감도 마찬가지다. 겉으로 드러나는 상호작용 없이 눈에 보이지 않는 공감을 하기란 어렵다. 사람 마음은 표현하지 않으면 알 길이 없다. 그래서 옛말에 열 길 물속은 알 수 있어도 한 길 사람 속은 모른다고 했다.

조직을 성공으로 이끄는 공감 리더십

1. 성과나 업무보다 건강이 먼저다. 흙탕물을 가라앉혀야 주변이 선명하게 보인다.
2. 권력은 공감 능력을 죽이는 종양이다. 구성원보다 말을 적게 하라.
3. 구성원을 소중히 생각하라. 리더를 띄우고 것도, 침몰시키는 것도 그들이다.
4. 화를 내면 잃는 것이 많지만 침묵하면 얻는 것이 많다.
5. 탁월한 성과는 우수한 인재가 내는 것이 아니라 공감받은 인재가 낸다.

3장

조직을 움직이는 결정적인 힘, 공감 리더십

리더와 구성원은 단순히 '함께'라는 관계를 넘어 '위하여'라는 관계를 맺어야 한다. 맛있는 음식을 만들려면 양념을 고루 잘 섞어야 한다. 마찬가지로 리더의 감정과 구성원의 감정은 균형 있게 조화를 이뤄야 한다.

공감 문화

조직이 사일로 현상Silo Effect에 매몰되면 협력이 잘 되지 않는다. 사일로 현상은 무게중심을 내가 속한 조직에 두기 때문에 일어나는 현상이다. 사일로 현상을 깨기 위한 강력한 무기는 공감이다. 상대 조직에 대한 이해를 내 문제와 결부시켜야 한다.

이쪽 조직과 저쪽 조직이 가지고 있는 정보와 데이터를 결합하면 훨씬 더 좋은 작품이 나올 수 있다. 내 조직의 정보만 가지고 뭘 만든다는 것은 우물 안 개구리가 될 우려가 있다. 글로벌 시대에서 경쟁사뿐만 아니라 필요하면 국경을 넘어서까지 협력 대상을 찾아야 하는 마당에 내 조직에 울타리를 치고 필요한 정보를 공유하지 않으면 조직의 경쟁력은 하락한다.

리더가 구성원의 세밀한 문제점을 이해하고 공감하기란 쉽지 않다. '내가 하는 일만 잘하면 그만이다.'라고 생각할 수 있지만 누구나 할 수 있는 일이라도 업무 수행 과정에 부딪치는 예상하지 못한 문제점들이 있다. 이런 문제점을 이해하고 인정해 주는 사람이 있으면 그만큼 그 업무에 애정이 생기고 능률이 오른다. 독일 막스플랑크연구소의 뇌 미러링에 대한 연구 결과를 보면 관계의 정도에 따라 공감을 관장하는 뇌의 활성 정도가 다르다고 한다. 이 연구소에서는 연인을 대상으로 뇌 MRI를 스캔해 상대가 고통을 느끼는 정도에 따른 뇌의 활성 정도를 관찰했다. 공감을 많이 할수록 뇌의 미러링이 강하게 나타났다.

직장 동료는 가족보다 더 많은 시간을 함께한다. 동료의 위로와 인정과 도움이 없다면 직장은 메마른 사막처럼 숨이 막힐 것이다. 사막에서 여행자의 희망이 오아시스인 것처럼 직장에서 구성원의 숨통을 트이게 할 수 있는 것은 격려와 위로와 공감이다. 아무리 좋은 환경과 좋은 근로조건을 갖춘 직장이라도 마음을 알아주는 동료가 없으면 그곳은 사막이 된다. 사막에는 그늘이 없어서 뜨거운 태양을 맨몸으로 버텨야 한다. 인간미에 갈증이 나도 마실 물이 없다. 위로와 공감이 없는 곳은 사막이다.

공감이란 단어는 조직이나 기업에서는 잘 쓰지 않는 단어다. 성과에 미달한 리더를 공감한다는 것은 조직의 생리에 맞지 않는 일이다. 그래서 공감은 반어적으로 들릴 수 있다. 그렇지만 결과에 대한 공감보다 과정에 대한 공감이 더 큰 효과를 불러올 수 있다. 성과와 상관없이 우선 성과를 내기 위해 기울인 구성원의 노력을 인정해 주어야 한다. "수주하느라 수고했어.", "잘 해냈어."라는 밋밋한 칭찬보다 그 과정 중에 느꼈을 담당자의 감정을 헤아려야 한다. "장애물이 많았을 텐데 노력해 줘서 고마워.", "수주에 실패할까 봐 불안감에 시달렸을 텐데 고생했어.", "수주해야 한다고 다그친 것 이해해 주기 바라." 등 세세한 감정까지 알아주고 이해하는 공감이 필요하다. 협력 대상으로서의 공감, 상대 처지에 대한 공감이 상대로 하여금 협력을 이끌어내고 강화시키는 역할을 한다.

공감하는 문화는 리더가 앞장서서 만들어야 한다. 조직원은 리더가 지시하는 방향을 따른다. 리더가 울타리를 높게 치면 조직원도 높게 친다. 리더가 울타리를 허물면 조직원도 울타리를 허문다. 우리 조직이 타 조직에 협력하면 타 조직은 우리 조직에 협력한다. 협력 없이 조직은 생존하기 힘들다.

리더는 업무에 대한 만성화된 권력 스트레스를 겪는다. 공감은 이러한 스트레스를 경감시키거나 회복시키는 역할을 한다. 공감은 리더로 하여금 긍정적인 태도와 헌신적인 마인드를 갖게 한다. 따라서 구성원들의 말을 경청하고 고객 문제, 조직 간 협력 문제에 대해 적극적으로 대응할 수 있게 한다. 차별적인 성과를 만들어내는 데 협력은 필수다. 협력을 촉진하는 데 전제 조건은 공감이다. 공감은 당사자 간 이해 충돌을 막아준다. 공감은 동맥경화처럼 막혔던 혈관을 뚫어주는 회복의 열쇠이다. 공감하는 리더는 마음의 부정적인 것을 몰아내고 긍정적인 마음과 희망을 채우기 때문에 기업에 이익을 가져다준다.

리더는 구성원이 새로운 일에 도전할 수 있도록 실패나 실수에 대해 공감하고 독려하면서 심리적 안정감을 갖출 수 있게 조직 문화를 만들어야 한다. 심리적 안정감은 타성에 머무르거나 매너리즘에 빠지는 것과는 다르다. 조직의 결과물이 차별화되기 위해서는 심리적 안정감을 매개로 혁신하는 문화를 만들어야 한다. 리더는 조직에 이러한 긍정적인 활력을 불어넣는 주체가 되어야 한다. 조직원이 심리적으로 불안하면 새로운 발상은 절대 나올 수 없다. 공장에서 생산성을 높이려면 전력이 안정적으로 공급되어야 하듯이 조직에 창의적이고 열정적인 에너지를 높이기 위해서는 조직원의 심리적 안정이 꾸준히 유지되어야 한다.

리더가 공감을 강조하면 조직에는 공감 문화가 확산된다. 공감은 조직에서 하나의 표준이 되고 행동의 기준이 되어야 한다. **조직 문화에서 공감이 확산되면 협력과 지원이라는 혜택을 상호 간에 누릴 수 있다.** 공감의 본능은 긍정적이고 공동체를 묶어주는 접착제와 같다.

정직은 아주 비싼 재능

도요타가 세계적인 기업으로 승승장구하던 2000년대 중반부터 일본의 모든 언론은 최대 광고주인 도요타의 비위를 거스르지 않기 위해 부정적인 기사는 애써 은폐했다. 『위대한 기업은 다 어디로 갔을까』를 쓴 짐 콜린스는 위대한 기업이 몰락하는 이유는 직원들의 나태함 때문이 아니라 리더의 자만감과 리더가 올바른 방향을 설정하지 못했기 때문이라고 했다. 리더의 올바른 방향 설정은 정확한 상황 보고가 필수 요소다. 그런데 최고경영자에게 부정적이거나 불편한 보고서가 제때 올라가지 못한다면 조직의 암은 초기에 치료되지 못하고 손쓰기 어려운 상태로 발전하게 된다.

리더가 새로운 조직을 맡게 되든가 더 큰 조직을 맡게 되었을 때, 리더는 자신을 과신하며 자신을 확대해석하는 오류를 범할 수 있다. 이런 리더에게는 객관적이고 정확한 정보를 접하는 데 간섭이 발생할 수 있다. 왜냐하면 부정적인 정보나 리더의 심기를 불편하게 하는 정보는 사전에 차단되기 때문이다. 리더가 긍정적인 정보만 접하게 되면 자기중심적인 사고를 하거나 자아도취에 빠지게 될 우려가 있다. 이렇게 자신도 모르게 자아확대의 바이러스가 침투하여 자신을 지배하는 경우를 흔히 'CEO병'에 걸렸다고 말한다. 공감은 리더가 자기중심적인 사고에 빠지지 않게 하는 항생제 같은 역할을 한다.

기업 오너에게는 견제 상대가 없기 때문에 오너의 생각에 반대 의견을 내기가 어렵다. 반대, 불평, 불만을 표시하면 불이익을 받을 두려움을 갖는다. 하지만 리더가 조직의 문제를 정확히 알기 위해서는 신뢰를 기반으로 정직한 커뮤니케이션 환경을 조성해야 한다. **리더로서의 진정한 권위와 힘은 직위가 아니라 평소에 쌓아둔 신뢰에서 나온다.** 정직에 대한 공감은 소리 없이 전파된다.

리더는 항상 깨어 있어야 한다. 즉 항상 올바른 판단을 할 수 있도록 몸과 마음을 유지해야 한다. 리더 주변에는 깨어 있는 자세를 흩트리는 일로 가득하다. 또 여기저기 달콤한 유혹들이 넘친다. 쉽고 간단한 방법이 있는데 굳이 복잡한 절차를 지켜야 하는지에 대한 달콤한 유혹을 뿌리치기 어렵다.

위기가 닥치면 주변에서는 리더를 공감하는 척하며 우회로를 권유하고 이런저런 대안을 제시한다. 이럴수록 리더는 정공법으로 나가야 한다. 첫 단추가 잘못 끼워지면 다음부터는 일이 꼬이게 되어 있다. 하지만 어렵더라도 첫 단추를 제대로 채우면 다음부터는 절차를 따르면 되기 때문에 순조롭다. 리더의 잘못된 판단은 조직을 어려움에 빠뜨린다. 방향이 잘못되면 일이 꼬이고 시간이 갈수록 수습하기 어려워진다. 처음 발을 잘못 디디면 빠져나오기 쉽지 않다. 그래서 악수를 계속 둘 수밖에 없는 처지에 이르게 된다. 이런 과정에서 리더에 대한 신뢰도 잃게 된다.

리더에게는 주변에서 하는 공감이 리더를 위한 것인지 아닌지를 분간해 내는 혜안이 필요하다. 거짓 공감을 진심으로 받아들여 본인과 회사를 어려움에 빠뜨리는 리더는 조직을 위험에 빠뜨린다. 성과에 대한 과도한 집착은 거짓 공감인 달콤한 유혹에 쉽게 빠져들게 한다. 아무리 조급하거나 초조하더라도 거짓 공감에 빠지지 않기 위해 주의해야 한다.

"정직은 아주 비싼 재능이다." 투자의 귀재 워런 버핏의 말이다. 신뢰가 수반되지 않은 관계에서는 구성원들이 일을 제대로 하는지 감시하고 사사건건 간섭하는 감사 비용monitoring cost이 발생한다. 이렇게 되면 상사는 직원을 이끄는leading 것이 아니라 관리managing하게 된다. 감사 비용이 높을수록 리더는 마음의 여유를 잃게 되고 창의적인 사고를 할 수 없게 된다. 독일에서 가장 큰 욕이 '거짓말쟁이'라는 말이라고 한다. 거짓말은 절대 해서는 안 되는 것이라는 인식이 강해 이 말을 들으면 인격적 모욕을 느낄 정도기 때문이다.

동물의 세계에서 물소는 무리의 리더가 물과 풀을 찾아 앞장서면 뒤따르는 무리는 어디로 가는지 모르는 채 따른다. 물소들은 집단에서 이탈하지 않기 위해 집단의 흐름을 따른다. 조직도 리더의 행동이나 생각을 따르려는 경향이 있기 때문에 리더가 걷는 길은 항상 정도에 있어야 한다. "권력을 가지고 있는 리더가 구성원에게 존경받는 길은 공정하고 투명하게 권력을 행사하는 것이다." 심리학자 톰 타일러의 말이다.

진정성은 닫힌 마음을 뚫는다

공감은 조직을 활성화시킨다. 구성원은 리더가 진심으로 구성원을 공감하는지 겉치레로 공감하는지 정확히 꿰뚫고 있다. 리더가 구성원을 진심으로 공감할 때 구성원도 리더의 행위에 대해 공감한다. 공감은 장식물이 아니다. 진실로 공감하는 자만이 공감의 열매를 따 먹을 것이다. 공감이 시들고 활력을 잃는 것은 진정성이 결핍되었기 때문이다. 진실로 공감하면 상대는 진심을 알아준다. 반대로 거짓으로 공감하면 공감은 허공으로 날아간다. 한마디로 회귀의 법칙이 적용된다. 거짓은 거짓으로, 진실은 진실로 회귀回歸된다.

공감은 대화보다 마음을 나누는 것이 우선이다. 마음이 통한다는 것은 말을 통해 말의 어감과 기운을 느끼는 것이다. 상대가 말을 할 때 자세히 듣고 이성적인 피드백을 해주는 것도 중요하다. 진정한 공감은 말하는 사람이 듣는 사람의 반응을 보고 나를 공감해 주고 있구나 하고 느끼게 하는 것이다. 말을 많이 한다고 공감을 많이 해주는 것이 아니다. 상대의 고민을 내 고민인 양 들어주고 상대의 행복을 내 행복인 양 기뻐해 주어야 한다. 표정 하나, 한마디의 말로도 상대가 충분히 인식할 수 있는 공감이 전해진다. 공감은 상담이 아니다. 마음과 마음을 나누는 것이 공감이다.

리더라면 구성원의 신뢰를 받는 것이 첫째다. 리더가 구성원으로부터 신뢰를 받으려면 공감을 맨 앞에 놓아야 한다. 리더의 공감은 구성원의 말을 경청하고 구성원의 입장에서 생각하고 배려하는 것이다. 구성원이 리더를 공감해 주길 바라기보다 리더가 구성원을 먼저 공감해야 한다. 타인에 대한 공감은 자신을 이롭게 하는 행위라는 것이 여러 연구를 통해 입증되었다. 다른 사람을 설득하려 할 때 그 과정에서 자기 자신도 설득당하게 된다. 공감은 친구를 사귀는 데 도움을 주고, 행복을 느끼는 데도 긍정적으로 작용한다. 공감은 타인에게 나누어 줄 때 더욱 풍성히 그 혜택을 받을 수 있다.

공감은 이해보다 깨달음이다. 양보다 질이다. 공감은 이성보다 감성이다. 말이 논리적이지 않더라도 상대가 위로를 받으면 공감이 된다. 빈말로 한 위로는 효과가 없다. **공감의 명약은 진심이다. 공감은 진정성을 바탕으로 해야 한다.** 진정성이 바탕이 되면 표현이 서툴더라도 괜찮다. 진정성은 화살처럼 상대의 닫힌 마음을 뚫고 들어간다. 진심 어린 공감은 여운을 남긴다. 감동과 감상이 다르듯이 진심 어린 공감은 마음과 마음을 이어준다. 소통의 본질은 감정의 공유와 진심 어린 공감이다.

물에서 배워라

구성원이 묵묵히 업무에 충실해야 하듯이 리더도 묵묵히 리더로서의 역할에 충실해야 한다. 리더는 힘든 자리다. 구성원 개개인에게 관심을 가지고 공감하고 격려해야 하기 때문이다. 리더가 말로만 공감한다면 구성원들은 피부에 와닿지 않는다. 리더가 솔선수범의 자세로 행동으로 보여줄 때 구성원에 대한 공감이 진가를 발휘한다. 예를 들면 구성원이 힘들게 업무를 하는데 리더는 책상에 앉아서 인터넷 서핑을 한다면 구성원들은 리더의 공감을 믿지 않을 것이다. 리더도 조직을 위해서 열심히 뛰고 고민하고 노력한다는 모습을 보여주기 전까지는 리더의 공감은 허공을 맴도는 메아리에 불과하다.

조직의 수레는 함께 끌고 가야 한다. 만약 리더가 수레에 올라타서 이러쿵저러쿵 말만 한다면 구성원은 리더를 수레 위의 짐으로 여기지 함께 수레를 끄는 동지로 여기지 않을 것이다. 또 리더가 구성원과 수레를 같이 끌더라도 생색을 많이 낸다면 구성원은 생색내는 만큼 리더의 공을 깎을 것이기 때문에 이는 리더 스스로 가치를 떨어뜨리는 결과를 낳을 것이다. 반면 리더가 수레를 같이 끌고 가면서 구성원의 노고를 인정하고 격려하며 공감한다면 구성원은 그러한 리더와 함께라면 어떠한 수레도 기꺼이 끌려고 할 것이다.

빈 깡통이 소리가 요란한 법이다. 떠벌리는 것을 좋아하고 자기 자랑을 즐겨 하는 리더 중에는 알고 보면 실속 없는 리더들이 많다. 리더의 힘은 솔선수범하고 실천하는 데서 온다. 리더가 스스로 조직의 어려운 일, 누구나 맡고 싶지 않은 일을 먼저 챙기는 모습에서 구성원은 리더를 공감하며 구성원의 공감은 리더의 힘의 원천이 된다. **하기 쉬운 일, 생색내기 좋은 일은 리더의 몫이 아니다. 궂은일, 어려운 일이 리더의 몫이다.**

진정한 리더는 자신의 노고는 하찮게 여기면서 구성원의 노고는 무겁게 받아들인다. 하지만 많은 리더가 이와 반대로 행동하는 우를 범한다. 구성원의 노고는 당연한 것으로 생각하고 자신의 노고는 떠벌리며 조직을 위해서 대단한 희생을 한 것처럼 행동한다. 조직의 성과는 리더인 내가 이만큼 했기 때문에 얻어진 결과라고 자부하고 구성원의 노고는 평가절하한다.

상선약수上善若水란 최고의 선은 물과 같다는 뜻이다. 물은 어떤 용기에 들어가든 용기의 모양에 맞춰 스스로 모양을 바꾼다. 또 물은 주변 온도에 따라 형태를 바꾼다. 상온에서는 가장 부드러운 물이 되지만 영하로 떨어지면 단단한 고체가 되고 100도가 넘으면 기체로 변한다. 물은 이렇게 상황에 맞게 스스로 형태를 바꾼다. 물이 주변의 상황에 맞게 변화하듯 리더도 조직이 직면한 상황, 구성원이 처한 상황에 맞게 변화해야 한다.

다른 부분의 뇌를 써야 할 때

직장 생활이 반복적인 일의 연속인 것처럼 보이지만 꼭 그렇지만도 않다. 전혀 예상하지 못한 일, 내 능력으로 통제할 수 없는 일이 종종 일어나

는데 이런 상황에서 리더의 진가가 발휘된다. 이때는 평소에 쓰던 뇌와 다른 부분의 뇌를 쓰기 때문에 경험이 많은 리더라도 당황할 수밖에 없다. 일사불란하게 위기 상황에 대처하면 좋겠지만 꼬리에 꼬리를 물고 처리할 일이 생겨난다.

전혀 예상치 못한 일이 닥치더라도 리더는 평소의 페이스를 유지하면서 일상적인 업무에는 최소한의 에너지와 시간을 투입한 채 전면에 나서서 닥친 일을 처리해야 한다. 일의 뒤에 숨어서 담당자에게만 업무를 처리하도록 맡겨서는 리더의 입지가 줄어든다. 리더 나름대로 상황을 파악하고 관련 구성원이 적절히 업무를 처리할 수 있도록 피드백해야 한다. 조직에 닥친 어려운 일은 구성원도 함께 느낀다. 리더가 어떻게 사태를 수습하는가에 따라 능동적인 협조가 이루어지며 리더가 지시한 궂은일도 마다하지 않는다.

리더는 일을 처리하는 과정에서 자칫하면 구성원이나 프로젝트 참여자에게 상처를 주는 말을 하기도 한다. 어느 정도 시간이 지나 상황이 정리되면 그때 자신이 한 행동을 생각하며 적절히 대처하지 못했다는 후회가 남을 수도 있다.

평소의 업무는 컨트롤이 가능하다. 그러나 새로운 업무를 맡으면 일에 대한 견적이 잘 가늠이 되지 않는다. 전혀 생각지도 못한 일 때문에 다른 업무를 생각할 틈도 없다. 이런 상태에서 리더의 마음은 예민해진다. 안면의 근육이 처지기 때문에 표정부터 다르다. 목소리도 평소의 목소리가 아니다. 리더의 머릿속에는 이 일에 대한 처리 문제로 스파크가 일어나고 다른 문제는 눈에 들어오지도 않는다. 리더가 이런 상태에 있으면 주변 구성원들도 분위기를 파악하고 적정한 거리를 유지한다. 구성원은 리더의 스트레스 궤도 안으로 쉽게 들어오려 하지 않는다. 구성원은 정찰위성이 되어 적정한 궤도를 유지하면서 리더의 상태를 탐지한다.

업무가 한 번에 몰아쳐 처리 용량을 초과할 때가 있다. 체중이 줄고 머리도 빠질 정도로 과도한 업무 스트레스를 경험하기도 한다. 이럴 때일수록 리더는 건강에 신경 써야 한다. 과도한 스트레스는 면역력을 약화시키기 때문에 리더의 건강에 치명적인 영향을 줄 수 있다. 나도 모르는 사이 질병에 문을 열어주게 된다. 겉으로 드러난 업무 스트레스에 대해서는 구성원의 공감을 받을 수 있지만 내면으로 받는 스트레스는 공감받기 어렵다.

리더는 힘들 때 힘든 모습을 감추느라 더 많은 에너지를 소모한다. 힘든 일을 남에게까지 전수할 필요는 없지만 힘든 일을 나누는 리더십도 필요하다.

"백지장도 같이 들면 낫다."라고 했다. 리더 혼자 무거운 짐을 지고 가다가는 얼마 못 가서 주저앉을 수밖에 없다. 공감은 마음의 짐도 나누는 것이다. 그러기 위해서 리더는 솔직해야 한다. 자신이 받는 압박감을 혼자 소화하려 하지 말고 주변에 알림으로써 압박감의 무게를 덜어내야 한다.

독서는 업무의 압박감을 떨치는 해방자 역할을 한다. 독서는 마음의 평정을 유지하고 규칙적인 생활을 하도록 돕는 좋은 습관이다. 독서는 자신과 타인의 감정을 넘나들면서 타인의 생각과 감정을 더 잘 이해하고 교류할 수 있게 한다. 또 꾸준한 독서는 규칙적이고 리듬감 있는 생활을 유지할 수 있는 윤활제 역할을 한다. 한쪽으로만 치우쳐 있는 뇌를 균형 있게 활성화하여 업무에서 받은 스트레스를 잠시 가라앉히는 역할을 한다.

수감자의 3분의 2는 다시 범죄를 저지른다는 통계가 있다. 한번 범죄를 저지른 사람들의 재범률은 높다. 미국에서는 한 판사의 아이디어로 죄수들을 대상으로 한 독서 모임이 시작되었다. 이는 재범률을 낮추기 위한 프로그램으로 수감자들을 대상으로 문학책을 읽히고 독서 토론을 하였다. 그 결과 재범률이 절반 이하로 떨어졌다고 한다. 이후 죄수들을 상대로 한 독서 모임은 여러 나라로 확대되어 운영되고 있다. 독서를 많이 하는 사람은 그렇지 않은 사람에 비해 다른 사람의 감정을 잘 파악할 수 있다. 그렇기 때문에 독서를 한 수감자들은 타인을 더 존중하게 되고 공감하게 되어 범죄에 다가가지 않을 수 있었던 것이다.

리더와 구성원은 단순히 '함께'라는 관계를 넘어 '위하여'라는 관계를 맺어야 한다. 단순히 같은 조직에서 근무하는 일원으로 생각하기보다 서로에게 힘이 되어주고 협력하는 관계로 발전해야 한다. 리더는 한쪽 부분만 보는 자리가 아니라 넓게 보는 자리다. 맛있는 음식을 만들려면 양념을 고루 잘 섞어야 한다. 마찬가지로 리더의 감정과 구성원의 감정은 균형 있게 조화를 이뤄야 한다. 그러기 위해서는 독서 등 다양한 방법을 통해 공감력을 키워야 한다.

적정한 거리는 건강한 관계의 기본

나와 타인의 관계에서 공감하는 데는 적정한 거리가 필요하다. 내가 상대와의 관계 거리를 너무 멀리 떨어뜨리고 바라보면 상대의 상처는 나와는 상관없는 일이다. 반대로 상대의 고통이나 아픔을 자신과 분리하지 않고 밀접하게 연결시키면 감정적으로 힘들다. 심리학자들은 공감을 염려와 괴로움으로 분리한다. 타인의 문제를 염려하는 수준이라면 자비Compassion에 해당하지만 공감의 기준치가 너무 높으면 타인의 문제를 내 문제와 구분하지 못하고 자신과 타인의 경계가 모호해진다.

관계에도 성숙한 관계와 미숙한 관계가 있다. 성숙한 관계는 자신의 기준과 주관에 따라 행동하고 판단하는 것이다. 성숙한 관계는 종속적인 관계가 아니라 상호 동등한 위치에서 관계를 발전시켜 나가는 것이다. 자기를 희생하면서까지 관계를 유지하려고 하는 것은 미숙한 관계이다. 자기 자신을 희생하면서 다른 사람을 돌보는 관계를 공동 의존Co-dependency 관계라 한다. 공동 의존은 자신을 상대에게 의존하는 왜곡된 관계로 서로를 지치게 만드는 관계다.

직장에서 상사와의 관계에는 보상이나 인정을 받으려는 낮은 자존감이 자리 잡고 있다. 즉 나의 상태가 아닌 상대가 나를 어떻게 평가하느냐에 관심이 쏠려 있기 때문에 과잉 충성, 과잉 행동을 유발하게 된다. 조직에서는 일방적인 관계가 되기 쉽다. 상사의 기분에 맞춘 종속적인 관계가 지배적이다. 상사로부터 칭찬을 들으면 하루를 유쾌하게 보내지만 질책을 듣고 퇴근하면 집에 가서도 기분이 개운하지 못하다. 내 기분이 아니라 상사의 기분이 나를 지배한다. 회사라는 조직에서는 상사의 판단이 절대적인 기준으로 자리 잡는 경우가 많다. 경영자에게 보고할 때 보고서가 경영자가 마음에 든다면 잘된 보고서다. 반대로 보고서를 잘 만들었다 해도 경영자 마음에 들지 않으면 잘못된 보고서가 된다.

이런 현상은 종속된 관계가 존재하기 때문이다. 상호 균형 있는 거리가 아니라 절대자에 의한 거리만이 존재한다. 이런 관계에서는 상사에게 더 잘 보이려고 자신을 희생하면서까지 상사와의 관계를 유지하고자 노력하는 자신을 보게 된다. 우리는 사회적 존재로서 교류를 이어가기 때문에 관계 속에서 고통을 맛보기도 하고 희열도 맛본다. 어렵고 힘든 경우에는 자기 연민과 자기 위로가 필요한데 관계 속에서 힘들 때는 자신에게 따뜻한 미소와 위로의 말을 건네보는 것이 좋다.

동료나 친구 사이에서 거리의 간격이 조밀해도 괜찮다. 하지만 상사와 부하 직원의 거리는 너무 가까우면 상처를 받을 때가 있다. 상대와의 관계에서 일정한 거리 두기를 넘어 너무 가까워지면 선을 넘었다는 말을 듣게 된다. 사람과 사람 사이에는 보이지 않는 거리가 존재한다. 출근길의 빼곡한 전철 안에서는 서로의 옷깃이 밀착되어 있어도 이상하게 생각되지 않는다. 이런 밀착이 전철을 기다리고 있는 줄에서 발생하면 이상한 사람으로 비친다. 사람과의 거리도 마찬가지다. 가족이나 친한 사이는 마음의 거리가 조밀하고 밀착되어도 괜찮다. 하지만 경제적인 목적으로 조직된 공통체에서 마음의 밀착은 어느 정도 거리가 필요하다.

유엔이 매년 발표하는 국가별 행복지수를 보면 북유럽 국가가 행복지수가 높은 국가에 속한다. 이유는 일정한 거리 두기를 바탕으로 한 상호 존중 의식이 발달했기 때문이다. 건강한 관계를 유지하기 위해 일정한 거리 두기는 행복의 기본이다.

인간관계에서 거리는 두 개의 행성이 중력으로 일정한 거리를 두고 자전과 공전을 하는 경우와 비슷하다. 두 행성 간에는 잡아당기는 힘인 인력과 멀어지려는 척력이 균형을 이루고 있다. 행성 간 거리의 균형이 깨지면 멀어져 사라져 버리거나 가까워져 충돌하게 된다. 성숙한 관계는 적정한 거리 두기를 잘하는 데 있다. 미숙한 관계는 거리 두기에 미숙하여 너무 가까이 다가가 상대방과 충돌하여 상처를 받기도 하고 너무 멀어져 소원해지기도 한다.

일방적인 관계, 종속적인 관계에서 거리 두기는 나 자신을 지키기 위한 방

패의 역할을 한다. 관계의 결과에서 튀어나오는 파편에 치명상을 입지 않기 위해서는 관계에 따라 알맞은 거리가 필요하다. 그래서 자신의 입장과 상대방의 입장, 관계의 틀을 재점검하여 스스로 방어선을 지킬 수 있는 적정한 거리를 구축하는 것이 중요하다.

이름은 공감을 부른다

2018년에 개봉된 〈헌터 킬러〉란 영화는 러시아 군부에서 쿠데타가 일어난 상황을 소재로 삼았다. 러시아 잠수함에서 간신히 살아난 러시아 함장과 러시아 대통령은 미군의 도움으로 미군 잠수함으로 대피할 수 있었다. 러시아 진지에서는 미군 잠수함으로 미사일을 쏘고 이는 세계대전으로 번질 위험에 빠지게 된다. 이때 위기에 빠진 미군 잠수함 함장이 러시아 함장에게 도움을 청한다. 러시아 함장은 러시아 구축함에 탑승한 자신의 옛 부하들에게 미군 잠수함에 비치된 비상 전화로 통화한다. 그리고 옛 부하 한 사람 한 사람의 이름을 불러준다. 이름을 불러준 효과는 대단하다. 러시아 구축함에 있는 옛 부하들은 옛 상사가 공격하지 말아달라는 부탁에 미사일 버튼을 누르지 못한다.

우리는 얼마나 자주 주변 사람의 이름을 불러주는가. 이름은 그 사람의 아이덴티티, 즉 그 사람만의 고유성과 개성을 인정하는 말이다. 그래서 이름은 그 사람에게는 가장 중요한 말로 들린다. 루스벨트 대통령은 평범한 사람들에게 인기가 많은 대통령이었는데 그가 퇴임하고 다시 백악관에 방문했을 때 예전에 있던 백악관 직원들의 이름을 모두 기억하며 이름을 하나하나 불러주었다고 한다. 오래전 퇴임한 상사가 아직도 나를 기억해 준다는 것은 선물이자 감동이었을 것이다. 조직에서는 이런 감동이 쌓이면 구성원들은 그 상사를 오랫동안 존경하고 따를 것이다.

요즘은 직장에서 직급이 통폐합되는 경우가 많다. 수평적인 조직을 만들기 위해서 하는 일련의 행동 중 하나다. 이전에는 직급이 여러 등급으로 구분되어 직급에서 드러나는 위계질서가 있었다. 한마디로 직급으로 서열이 확연히 드러났다. 하지만 요즘은 임원만 빼고 사원부터 부장까지를 한 직급으로 통일하기도 한다. 어떤 직장에서는 직원들의 호칭은 '~님' 하고 이름만 부르기도 한다. 이러한 수평 조직이 성과에 미치는 영향은 시간을 두고 봐야 하지만 직급이 통폐합됨으로써 직급으로 인한 수직적인 문화의 마루와 골은 어느 정도 경사가 완만해지는 것 같아 보인다.

사람이 마음을 얻는 방법 중에는 이름을 기억했다가 불러주는 것도 좋은 방법이다. 언어가 주는 뉘앙스는 무시하지 못한다. 우리는 이름을 통해 사람과 사물을 만난다. 우리는 이름을 들을 때 그 이름과 연상 지어 이미지를 떠올린다. **이름을 부르는 것은 연대의 의미가 있다.** 영화에서처럼 리더가 구성원의 이름을 불러주며 요청할 때 조직은 리더와 함께 강한 연대 의식이 형성된다. 즉 이름은 강한 공감을 부른다.

리더의 침묵과 질문

현대인은 너무 많은 것에 마음을 빼앗기지만 정작 필요한 관심을 받지 못해 소외되는 경우가 많다. 그래서 현대인의 상대적 박탈감은 더욱 심하다. 침묵은 자기 자신 속으로 들어가 자신의 모습을 보는 것이다. 거울로는 외모를 보지만 침묵은 내면을 본다. 외모만 강조하다 보면 빈 껍데기만 남을 수 있다. 중요한 것은 무엇을 내면화하느냐다.

한 옛날이야기가 있다. 한 선비가 강을 건너게 해주고 있는 사공에게 으스대면 물었다. "자네 글을 지을 줄 아는가?", "모릅니다.", "그럼 세상 사는 맛을 모르겠구먼. 그러면 공자와 맹자의 가르침은 아는가?", "모릅니다.", "쯧쯧 인간의 도리를 모르고 사는구먼. 그럼 글을 읽을 줄 아는가?", "아닙니다. 까막눈입니다.", "원 세상에, 그럼 자넨 왜 사는가?" 이때 배가 암초에 부딪혀 가라앉게 되었다. 이번에는 반대로 사공이 선비에게 물었다. "선비님, 헤엄칠 줄 아십니까?", "아니, 난 헤엄칠 줄 모르네.", "그럼 선비님은 죽은 목숨이나 마찬가지입니다." 이 이야기는 아는 척하며 살아가지만 정작 살아가는 법은 모르는 사람의 모습을 담고 있다. 때로는 자신이 가진 생각과 자신이 아는 것이 이 세상의 전부라고 착각하는 사람들이 있다. 그래서 다른 사람의 생각과 가치관에 관심을 두지 않거나 아예 무시하게 된다. 하지만 자신만의 세상에만 빠져 있다 보면 이 이야기의 선비처럼 인생의 암초에 부딪쳤을 때 빠져나오기 어렵게 된다.

우리는 남에 대해 질문을 많이 한다. 새로운 동료에 대해, 관심 있는 물건에 대해 질문을 한다. 그러나 정작 나에 대한 질문은 서툴다. 나에게 질문을 한 경험도 질문을 받아본 경험도 드물다. 내가 어떤 상태인지는 스스로 던진 질문으로 가늠할 수 있겠지만 질문 자체가 어려운 숙제다.

조용히 나의 내면과 마주하고 스스로 질문해 보자 나의 세상은 다른 사람의 세상과 연결되어 있는가. 나는 다른 사람의 세상을 인정하고 받아들일 준비가 되어 있는가. 침묵해야만 질문할 수 있다. 침묵은 오염을 막고 정화하여 내보낸다. 제대로 침묵하지 않으면 덜 정화되어 소화된다. 그래서 탈이 나고 배가 아프다. 또한 침묵은 남의 말을 하기 좋아하는 현대에서 자신을 지켜주는 무기가 된다. 침묵은 자신의 내면과 마주하는 것이다. 침묵이 갖는 위엄이다. 우리는 침묵해야 할 때 침묵하지 않아서 고초를 겪는 사람들을 목격한다. 침묵은 무슨 말을 해야 할지, 어떻게 행동해야 할지를 알려준다. 우리가 아는 많은 사건은 침묵하지 않았기 때문에 일어났다. 침묵은 성벽이다.

간헐적 단식이 다이어트에 좋은 것처럼 간헐적 침묵도 마음의 혼잡함을 정리하는 데 효과적이다. 침묵은 수도승들만이 하는 것이 아니다. 각종 소음에 시달리는 현대인에게 침묵은 번잡한 내면을 고요한 숲으로 이끄는 것과 같다. 우리 마음은 정작 자신을 부르는 내면의 소리는 듣지 못한다. 아니 들더라도 자신과 마주하는 것이 어색하여 모르는 체한다.

리더가 침묵하지 않으면 가까이서 들리는 소리도 듣지 못한다. 리더는 작은 신호에도 귀를 기울여야 한다. 리더는 조직에서 일어나는 작은 단서 하나라도 허투루 넘기지 말아야 한다. 작은 단서라고 해서 작은 일로 끝나는 것이 아니다. 작은 물구멍이 댐을 무너뜨리듯이 작은 문제를 소홀히 했다가 되돌릴 수 없는 문제에 봉착할 수 있다.

질문하기란 쉽지 않다. 많은 훈련이 필요하고 인내심과 관찰력이 필요하다. 질문은 그냥 나오지 않는다. 질문은 쉽지 않다. 질문하기 위해서는 많은 생각을 해야 한다. 질문의 내용을 보면 생각의 깊이를 알 수 있다.

우리가 얻게 되는 답은 우리가 던진 질문에 따라 달라진다. 질문할 수 있으면 정신적으로나 육체적으로 건강한 사람이다. 평소에는 질문이 잘 나오지 않는다. 생각이 곧 질문이다. 침묵해야만 자신의 내면을 들여다볼 수 있고 성찰할 수 있다. 질문은 상황을 정리할 힘을 가지고 있다. 그리고 어떻게 해야 하는지에 대한 방향 제시도 할 수 있다. 질문할 수 없으면 답을 찾기 힘든데도 질문을 하지 않는다. 질문은 나를 지켜주기 위한 또 다른 어루만짐이다.

태도는 겉으로 드러난 생각

고객 충성도를 측정하는 글로벌 지표인 NPSNet Promoter Score, 순추천고객지수는 고객의 추천 의향을 묻는데 점수 자체가 아니라 고객의 문제를 발굴하여 해결하는 피드백이 탁월하다.

포춘지의 편집자 제프 콜빈은 NPS가 고객의 성공을 대표하는 지표가 된 것은 세계에서 가장 짧은 설문과 단순함의 결과였다고 한다. NPS는 0점에서 10점까지 고객의 추천 의향을 측정한다. 9점, 10점을 준 고객을 추천 고객이라 한다. 직원이 점수를 구애해서 받는 점수가 아니라 고객이 서비스나 제품에 대해 자신의 솔직한 심정을 담아낸 점수가 의미가 있다. 10이라는 숫자가 중요한 것이 아니라 10을 누른 고객의 마음이 중요하다. 고객이 스스로 10점을 준다는 것은 단순히 숫자 '10' 이상의 의미가 있다. 아름다운 점수다. 10점은 고객을 열광하게 하고 고객을 감동시킨 결과다. 고객의 문제와 입장을 충분히 공감했을 때 받을 수 있는 점수다. 기업이 고객에 대한 철학을 바탕으로 직원을 교육하고 프로세스를 고객 중심으로 만든 노력의 결과가 NPS 점수로 나타난다. 고객 접점에 있는 사람에게 높은 점수만을 받으라고 강요하거나 근무 평가에 점수를 반영해서는 진정한 충성 고객을 얻을 수 없다.

『좋은 기업을 넘어 위대한 기업으로』를 쓴 짐 콜린스는 재무적인 성과로

만 기업의 성과를 측정했다. 반면 NPS를 창안한 배인의 라이켈트는 고객 충성도가 높은 기업일수록 기업의 수명과 성과가 비례한다고 주장했다. 즉 금융자본주의의 잣대로 선정된 기업의 수익률보다 고객이 열광하는 기업, 즉 NPS가 높은 기업의 성과가 훨씬 좋았다고 했다.

기업이 지속적으로 성장하려면 재무적 성과보다 고객과의 관계적인 측면의 순자산을 고려해야 한다. 일례로 좋은 기업에서 위대한 기업으로 선정된 기업 중에서 오랜 기간 살아남은 기업은 미래 고객 충성도 지수로 대표되는 NPS가 높은 기업이다. 짐 콜린스는 위대한 기업의 몰락 원인은 오만과 성공에 도취된 나머지 무원칙으로 무리하게 이익을 추구했기 때문이라고 지적한다.

라이켈트는 금융자본주의에서는 연간, 반기, 분기 단위의 단기적인 성과에 대해 보상하기 때문에 성장의 질이 떨어지고 지속 가능성이 담보되지 않는다고 지적한다. 포춘지 1000대 기업 중 3분의 2가 NPS를 사용하고 있다. 이들 기업 중에는 투자자들에게 NPS 결과를 알리는 기업들이 많지만 고객자본주의 시대에 걸맞은 NPS 철학까지 갖춘 기업은 드물다. NPS의 정신은 고객의 삶을 풍요롭게 만드는 데 있다.

기업이 앞으로 나아갈 때 기준이 되는 좌표는 고객이어야 한다. 조직의 모든 전략이나 방향은 항상 고객을 향하고 있어야 한다. 리더는 문제를 인식하는 태도에서도 남과 달라야 한다. 고객이 불만을 제기할 때 그냥 불만으로 지나칠 것이 아니라 고객 입장에서 우리의 서비스나 제품에 문제가 있다고 생각하고 이를 개선의 기회로 삼아야 한다.

지식은 제 발로 걸어 들어오지 않는다. 고객도 마찬가지다. 고객의 마음을 알려면 고객에게 다가가야 한다. 고객은 스스로 내 마음은 이렇다고 알려주지 않는다. 때에 따라서는 고객과 소통하려면 고객이 부르기 전에 먼저 다가가야 한다. "고객이 불만을 얘기했다면 고객과의 관계를 개선할 최고의 기회다." 빌 게이츠의 말이다.

고객이 무슨 생각을 하고 있는지 알기는 쉽지 않다. 고객은 이 사람을 믿고 얘기해도 괜찮다는 판단이 서기 전까지 선뜻 내심을 꺼내놓지 않는다. 고객이 자기 속내를 터놓는 시간은 고객의 성향에 따라 다르다. 그렇기 때문에 고객의 성향에 맞춰 앞서지도 뒤처지지도 않게 고객과 적당한 거리를 유지하면서 고객의 신뢰를 받은 것은 쉽지 않은 일이다. 고객이 속내를 꺼내놓는 시간이 길다는 것은 믿을 만한 사람인지를 숙고하기 때문이다. 이런 고객일수록 한 번 상대를 믿기 시작하면 굳건한 믿음을 갖는다. 자기의 생각이 굳어져서 생긴 결과이기 때문에 주변의 판단에도 돌처럼 신뢰가 굳어진다.

고객 중에는 다가가기 어려운 고객도 있지만 그렇더라도 고객을 그냥 지나칠 수는 없다. 고객이 적극 추천하는 리더의 공통점은 고객에게 먼저 다가가 자주 소통한다는 것이다. 고객을 대변한다. 네 것 내 것을 가리지 않는다. 반대로 고객으로부터 추천 의향을 낮게 받은 리더의 특징은 '적극성이 부족하다.', '소통하려는 의지가 부족하다.', '매너리즘에 빠져 있다.' 라는 말을 듣는다.

한자로 수처작주隨處作主라는 말은 '가는 곳마다 주인 된 마음으로 처신하면 어디서나 인정받는다.'라는 뜻이다. "리더는 주인의 눈으로 일을 처리하기 때문에 일을 허투루 하지 않는다. 리더는 높은 기준을 절대로 양보하지 않는다." 아마존 창업자 베이조스의 말이다.

가는 곳마다 주인 된 마음으로 처신하면 어디서나 인정받을 수 있다. **리더가 프로젝트에 투입되면 고객은 얼마 안 가서 이 사람이 주인으로 왔는지 객으로 왔는지 알게 된다.** 주인 된 마음으로 처신하면 태도부터 다르다. 태도는 겉으로 드러난 생각이다. 주인 된 마음으로 온 리더는 프로젝트의 문제, 고객의 문제를 내 문제로 생각한다. 내 집을 짓는다는 생각으로 일을 처리하기 때문에 적극적인 태도와 마인드가 묻어난다. 반대로 객으로 온 사람은 문제를 피해 간다. 고객이 어떤 문제를 얘기해도 '내 업무 영역이 아니다.'라고 회피한다.

리더는 적극적으로 고객, 구성원의 소리를 들으려고 노력해야 한다. 스스로 고객을 찾아가서 고객의 관심 사항을 파악해야 한다. 업무상으로 메일을 보냈다고 하더라도 다가가서 메일을 확인했는지 물어보는 것도 대화의 물꼬를 트는 데 도움이 된다. 업무적으로 가벼운 대화에서부터 취미, 가족 관계 등으로 친밀도를 넓혀야 한다. 수동적인 리더는 고객이 부르지 않으면 찾아가지 않는다. 대화보다는 이메일 등으로 비대면 접촉을 더 선호한다. 고객을 공감하지 않으려고 한다.

정성을 다하는 업무는 고객이 알아본다. 그냥 성의 없이 작성한 보고서와 정성을 들여 작성한 보고서는 보는 사람이 차이를 느낄 수 있다. 고객은 속마음을 잘 드러내지 않으려고 한다. 감추어진 고객의 속마음은 비집고 들어가기 어렵다. 조금씩 신뢰를 쌓아가는 것이 지름길이다.

고객의 시선은 항상 나를 지켜보고 있다고 생각하고 행동해야 한다. 고객은 안 보는 것 같지만 고객의 안테나는 나를 주시하고 있다. 보이저호가 우주 멀리 날아갔지만 안테나가 지구로 향하기 때문에 교신이 가능한 것처럼 고객을 향해 안테나를 항상 맞춰야 한다.

입장이 바뀌면 태도가 바뀐다

고객을 공감하는 가장 좋은 방법은 고객이 되어보는 것이다. 내가 고객이라면 이 상황에서 어떤 것을 해주면 도움이 될까 생각해 보는 것이다. 디스커버의 CEO 데이비드 넬름스는 주변의 반대에도 불구하고 카드 결제일을 하루 앞둔 고객들에게 사전에 알림 이메일을 발송하였다. 이는 연체료 수입 2억 달러를 포기하는 결과를 낳았지만 더 많은 충성 고객을 확보할 수 있었던 사례가 되었다.

코스트코도 캘빈클라인 청바지를 더 많은 이윤을 붙여 팔면 손쉬운 방법으로 돈을 벌 수 있었지만 14%의 수익률 원칙에 맞춰 팔기로 결정하였다. 기업의 이윤보다는 고객이 제품을 통해 얻게 되는 가치를 더 소중히 여겼기 때문이다. 고객 충성도가 높은 기업의 최고경영자인 칙필에이 창업자 트루엣 캐시와 뱅가드의 CEO 잭 브레넌은 "성장은 우리의 목표가 아니다. 우리의 목표는 투자자에게 훌륭한 가치를 전달하는 것이다."라고 했다. 그들은 과도한 성장은 기업을 곤경에 빠뜨릴 수 있기 때문에 고객 만족의 틀을 벗어나지 않는 범위에서 성장을 추구했다.

고객의 문제를 공감하는 탁월한 기업들이 있다. 예를 들면 아마존 같은 회사다. 아마존의 최고경영자인 제프 베이조스는 고객 집착 경영으로 유명하다. 최고경영자의 확고한 고객 중심 마인드가 있을 때 그 기업은 고객을 열광하게 만들고 고객의 공감을 얻어낼 수가 있다. 아마존에는 14가지 핵심 원칙이 있다. 이 중에서 첫 번째가 고객에 대한 집중이다. '리더는 고객으로부터 시작해 그에 맞춰 일합니다.' 즉 항상 고객을 우선순위에 놓고 고객의 눈높이로 경영을 한다는 것이다. 제프 베이조스는 편지에 "우리는 항상 지구상에서 가장 고객을 중심으로 하는 회사가 되기를 원했습니다. 이를 바꾸지 않을 것입니다. 우리를 여기까지 오게 한 힘이기 때문입니다."라고 썼다.

1990년대 파산에 직면한 경영컨설팅 회사 베인의 경영진은 깊은 깨달음을 얻었다. '고객이 훌륭한 성과를 얻을 수 있도록 돕는다.'라는 고결한 목적을 완전히 포용하는 팀을 만드는 것, 그리고 팀의 구성원에게 그렇게 할 수 있도록 의욕을 불어넣는 것이 기업을 회생시키는 유일한 길이라는 것을 깨달았다. 회사가 직원을 존중하지 않으면 지속해서 고객을 사랑하는 일도 불가능하다. M호텔의 경영 철학은 '호텔이 직원을 만족시키면 만족한 직원이 고객을 만족시킨다.'이다. 25년 후 베인은 최고의 직장이 되었다. 다른 사람이 부자가 되도록 도와주지 않고는 누구도 부자가 될 수 없다.

고객은 십인십색이다. 고객마다 성향도 다르고 요구 사항도 다르다. 그래서 어떤 프로젝트에서 고객 만족이 높았던 리더가 다른 프로젝트에 가면 고객 불만이 발생하는 경우도 있다. 고객 접점에서 서비스를 한다면 고객 만족은 고객과의 인간관계에 따라 달라진다. 고객의 생각을 바꾸기는 현실적으로 어렵다. 하지만 내가 어떻게 고객의 말을 흡수할 것인지는 나에게 달려 있다.

고객과 상대하다 보면 어떤 말이나 행동을 계기로 상처받을 수 있다. 받은 상처를 돌려주고 싶지만 이렇게 되면 나만 손해다. 고객은 자신이 한 말이 상대가 받아들이기에 거북하다는 것을 직감으로 안다. 고객의 말을 쿠션이 좋은 스펀지로 받을 것인지 딱딱한 콘크리트 벽으로 받을 것인지는 내 몫이다. 내가 어떤 바탕에 받을 것인지는 선택할 수 있다.

고객과의 갈등이 발생하게 된 원인은 고객의 입장을 충분히 이해하지 못한 것일 수 있다. 고객에 따라서는 말도 안 되는 요구를 하는 경우도 있고, 실행하기 불가능한 요구를 하는 경우도 있다. 고객이 어떤 말을 하고 어떤 판단을 하든 그것은 고객의 자유이자 컨트롤할 대상이 아니다. 하지만 고객이 어떻게 나오든지 간에 나의 말과 생각은 내가 조절할 수 있다. 고객을 이해하려고 노력하는 마음이 있다면 고객의 입장에서 생각하고 말해야 한다. 사업을 책임지고 있는 고객이라면 책임감과 함께 성과에 대한 압박을 받고 있을 것이다. 그런 심정을 표현하는 방법은 고객의 성향에 따라 가지각색으로 표현되며 그 마음을 알아주는 것이 문제 해결의 방향키가 될 것이다.

초조하고 뭔가 보여주려는 것이 급선무인 고객에게 정면 대응하면 승산이 없다. 고객의 입장을 나도 이해하고 있고 어려운 현실을 타개하기 위해 노력하고 있다는 자세, 고객의 마음을 진지하게 받아들이고 있다는 자세를 먼저 보여주어야 한다. 누구나 내 입장을 강조하고 싶다. 내가 얼마나 힘들고 어려운지를 고객이 알아주기를 바라는 마음보다 고객이 어렵고 힘들겠다는 마음을 먼저 받아들이면 고객을 대하는 자세에 도움이 된다.

갑질하는 고객을 대할 때 대응법은 가급적 즉석에서 대응하는 것을 피하는 것이 좋다. 만약 오랜 시간을 두고 관계를 맺어야 하는 고객이라면 특히 즉석에서 맞받아치는 것보다 묵혀 두고 천천히 고객에 대한 진정성과 함께 표현하는 것이 좋다. 고객도 사람이다. 고객에게도 생각할 시간을 주는 것이다. 고객이 생각하지 않을 수도 있겠지만 그렇지 않다. 고객도 자신이 한 행동에 대해서는 느끼고 있다. 고객이 한 말이 당시에는 나를 힘들게 하더라도 시간이 지나면 무뎌진다. 그리고 더 많은 시간이 지나면 아예 잊힌다. 잊힐 것을 가지고 나의 귀중한 시간과 기분을 망쳐버리는 것은 낭비다. 고객은 가지각색이지만 고객의 마음을 움직이는 근본원리는 같다. 고객이 원하는 것을 해주려는 노력과 자세를 가질 때 고객 또한 이해의 물꼬를 틀 것이다.

바위를 정으로 쪼갤 때 한 번에 쪼개지지 않는다. 바위에 쐐기를 박고 수십 번, 수백 번 내려쳐야 바위가 깨진다. 설득하기 어려운 고객은 바위와 같다. 한두 번의 노력으로 고객과의 관계가 잘 정립되기는 어렵다.

친화력이 높은 리더가 있는 반면, 그러고는 싶지만 잘 표현이 안 되는 리더가 있다. 하지만 조금만 노력하겠다는 생각으로 고객에게 다가가면 상태에 진전이 있을 것이다. 노력한다는 것이 중요하다. 체념하고 있으면 상태는 악화되기 쉽다. 대화가 줄어들고 서로의 프레임 안으로 상대를 받아들이지 않는다. 리더가 자신이 가지고 있는 프레임을 상대방에게 무리하게 적용하려 한다면 고객의 공감을 받기 힘들 것이다. 고객과의 관계에서 무엇보다 리더는 자신의 프레임보다 상대방의 프레임에 맞추려는 노력을 해야 한다. 모든 일에는 인내가 필요하다. 고객과의 관계도 마찬가지다. 어쩌면 고객과의 관계는 파도타기처럼 매일 골짜기와 정상을 넘나든다. 파도를 탈 때 한 가지 팁은 파도를 정면으로 맞서는 것이 아니라 유연하게 파도를 스치며 지나가야 한다는 것이다.

리더에게 중요한 것은 고객의 신뢰를 얻는 일이다. 고객의 신뢰는 리더의 행동에 달려 있다. 된장과 간장은 묵혀 둘수록 깊은 맛이 난다. 인간관계도 마찬가지다. 오래될수록 깊은 맛이 난다. 처음에는 고객과 고객 접점에 있는 리더의 관계가 형성이 되어 있지 않기 때문에 신뢰 관계가 형성되기 어렵다. 하지만 시간이 지날수록 리더의 행동에 따라 고객과 신뢰 관계가 형성되기도 하고 그 반대가 되기도 한다.

신뢰가 형성되는 동안은 고객 접점에 있는 리더에게 특히 인내가 필요하다. 갑과 을의 관계가 아직 잔존하는 현실에서 리더의 마이웨이는 금물이다. 그렇다고 자신의 기준이나 행동 방식을 바꾸거나 버릴 필요는 없다. 내가 여기 온 목적이 무엇인지, 고객의 기대가 어떤 것인지를 반복적으로 생각해야 한다. 이런 마음가짐은 행동으로 나오게 된다. 처음에는 고객과 리더 간에 생각하는 방식이나 기준이 다르기 때문에 일정 기간 조율하는 시간이 필요하다. 일정한 시간이 지나게 되면 리더가 어떤 마음으로 고객을 대해야 하는지 알게 된다.

고객과 마음이 상충될 때는 고객의 관심사와 나의 관심사가 다르기 때문이다. 무게중심을 어디에 놓느냐에 따라 마음이 움직인다. 무게중심이 나에게 있다면 나의 잣대로 고객을 판단하고 규정짓는다. 고객도 알고 보면 어려운 처지에 놓여 있어 공감이 필요한 사람이다. 사람은 처지가 바뀌면 생각도 바뀌는 법이다. 구성원이었을 때와 리더가 되었을 때 생각이 다른 것처럼 각자의 처지에 따라 바라보는 관점이 달라질 수밖에 없다. "당신이 뭔가를 바라보는 방식을 바꾼다면 바라보는 대상이 바뀔 것이다." 심리학자 웨인 다이어의 말이다.

고객은 문제를 내 일처럼 해결해 주길 바라기 때문에 계약을 한 것이다. 고객 만족의 척도는 '당신과 계약을 해서 내 문제를 해결하는 데 얼마나 수월해졌는가.'에 달려 있다. 고객의 문제를 이해하고 공감하려면 고객의 입장이 되어보는 것이 방법이다.

조직을 성공으로 이끄는 공감 리더십

1. 구성원의 심리적 안정을 유지하라. 전력이 안정되어야 좋은 제품이 나온다.
2. 리더가 존경받는 길은 공정하고 투명하게 일을 처리하는 것이다.
3. 진정성 있게 공감하라. 진정성은 상대의 마음을 여는 열쇠다.
4. 구성원의 이름을 불러줘라. 이름은 그들에게 가장 소중한 말로 들린다.
5. 구성원에게 지시하지 말고 질문하라.

조직을 성공으로 이끄는 현명한 리더의 완성

3부

1장

관계의 허들 넘기

상황은 놀이터에 있는 시소와 같다. 문제를 부각시키면 기회는 아래로 내려간다. 하지만 희망의 단서, 기회의 단서를 위로 올리면 문제는 수평선 아래로 내려간다. 내 안에 어떤 연장을 가지느냐에 따라 문제를 인식하고 해결하는 방법이 다르게 나타난다.

뒤집어 생각하기

손흥민 선수는 축구장의 잔디가 실제로 좋지 않더라도 그냥 좋다고 생각하고 경기를 한다고 한다. 뭐든지 생각하기 나름이다. 경기장을 탓해 봤자 내가 할 수 있는 일은 없다. 어쩔 수 없는 상황이면 내가 할 수 있는 일만 하면 된다. 그것이 바로 긍정적으로 생각하고 경기에 임하는 것이다. 같은 사안이라도 긍정적으로 생각하면 긍정적인 결과를 기대할 수 있다.

하지만 부정적인 생각과 말을 한다면 부정적인 결과가 올 확률이 높다.

어느 기업체 행사장에 봄비가 내린다는 예보가 있었다. 행사 전날에는 날씨가 좋았으나 하필이면 행사 당일 비가 내린다는 예보로 행사를 준비하는 관계자들의 손길은 더욱 바빠졌다. 외부 VIP를 초대한 행사라 담당자들은 더욱 예민해졌다. 예민한 상태에서는 정확한 상황 판단이 어려울 수 있다. 이때 행사 담당 리더는, 봄비는 자연에 생명을 불어넣는 귀중한 비고 축복의 비며 성장의 비라는 비유를 들면서 우리가 앞으로 더욱 성장할 것을 예보하는 것이라며 직원들을 독려했다. 이런 리더의 긍정 메시지로 인해 행사는 무사히 끝났다.

기대하지 않았던 상황도 생각하기 나름이다. **어떻게 생각하느냐에 따라 생각의 결과인 행동이 달라진다.** 좋지 않은 상황도 좋은 상황으로 받아들이는 것은 큰 장점이다. 어떤 사람은 상황이 좋지 않으면 낙담하고 걱정부터 한다. 결과는 아직 오지 않았는데 좋지 않은 결과를 마치 바라기라도 하듯이 실망한다. “절망이야말로 죽음에 이르는 병이다.” 철학자 키르케고르의 말이다.

불평하기 전에 우리가 받은 복을 먼저 생각해야 한다. 더 나쁜 상황이 있을 수 있었는데 그런 상황으로 내몰리지 않은 것에 대한 감사다. 어떤 좋지 않은 상황이 벌어지면 부정적인 말부터 앞세우는 사람이 있다. 이런 사람의 얼굴은 이미 좋지 않은 결과를 받은 것처럼 보인다. 2차 세계대전

전사자는 30만 명에 달하지만 두려움과 염려로 인해 심장병으로 사망한 미국 시민은 100만 명에 이른다고 한다. 사람을 죽음에 이르게 하는 병은 부정적인 생각이다.

말은 힘을 가지고 있어 내뱉은 말처럼 될 확률이 높다. 반대로 어려운 상황에서도 의연하게 대처하는 사람이 있다. 부정적인 말은 입 밖에 내지 않는다. 어려운 상황에서도 이 상황을 어떻게 해석하고 받아들이느냐에 따라 행동과 그 행동의 결과가 달라질 수 있다. 중요한 것은 어떤 일을 하느냐보다 그 일에 대해 어떻게 생각하느냐에 대한 우리의 자세에 달려 있다.

노력 없이 요행을 바라는 것은 벽난로 앞에 앉아 벽난로를 보고 먼저 열기를 뿜어내라고 말하는 것과 같다. 벽난로가 열기를 내려면 먼저 나무를 넣고 불을 지펴야 하는데 말이다. 불평을 일삼는 사람은 결국 스스로 그 불평의 열매를 따 먹게 마련이다.

친절한 한마디

우리가 들었던 말 중에는 감정을 북돋아주려고 한 말보다 감정을 상하게 하는 말이 더 많았다. 한 연구에 따르면 가까운 사람과 30분 동안 말싸움을 한 경우 우리 몸의 치유 능력은 하루 정도 저하된다고 한다. 말싸움의 빈도가 잦으면 회복 속도는 두 배 정도 느려져 건강을 위협할 수도 있다.

상처는 주로 상대방의 말을 통해 받는다. 상대의 말에 대해 제대로 대응하지 못하면 상처를 받게 된다. 상대의 공격적인 말에 섣불리 대응했다가 오히려 감당하기 어려운 상처를 받고 후회를 하게 된다. 맞불을 잘못 놓으면 산불이 잦아들기는커녕 오히려 산불을 번지게 한다. 주위 사람들은 전후 사정을 다 잊어버리고 내가 놓은 맞불만 탓하는 경우가 있다. 이 맞불은 쉽게 잦아들지 않고 사람들의 마음속에 각인된다.

맞불을 잘못 놓을 바엔 아예 침묵을 지키는 편이 낫다. "내가 말하지 않은 것 때문에 상처받은 적은 한 번도 없다." 정치가인 캘빈 쿨리지Calvin Coolidge의 말이다. 상대가 광기로 내게 달려들 때 이성적인 모습이 아닌 감정적인 모습을 보인다. 감정이 뒤섞인 말을 하게 될수록 하지 말아야 할 말을 하게 된다. 그 말은 꼬리를 물고 당사자에게 부메랑으로 돌아올 수도 있다. 감정이라는 것은 시시각각 변한다. 불꽃이 활활 타오를 때 맞대응하는 것은 여기에 기름을 붓는 것과 같다. 이런 순간에는 불꽃이 잦아들 때까지 기다리는 것이 최선이다. "분노의 가장 큰 치료제는 지연遲延이다." 세네카의 말이다. 상대로부터 파도가 몰아칠 때는 일단 쉼표를 가지는 것이다. 파도가 모래사장으로 쏟아져 흩어질 때까지 기다려야 한다. 아무리 거세고 큰 파도라도 모래사장에 부딪히면 하얀 거품으로 부서진다.

"침묵은 금이다."라는 말이 있다. 침묵은 패배가 아니라 인내의 결실로 드러나는 승리다. 침묵했다고 지는 것이 아니다. 침묵은 불필요한 오해를 방지하고 상대를 존중하는 표시다. 침묵은 깊은 생각을 하게 한다. 침묵은 중재자이고 해결사다. 침묵하는 자에게는 더 이상 시빗거리가 생기지 않는다. 말로 상대를 이기려는 것은 하수다. 상대로부터 상처를 주는 말로 공격당할 때 침묵하기 어렵다면 적어도 잠시 틈을 갖자. 틈은 나쁜 기운이 새어나가는 통로다. 압축되고 격한 상태를 느슨하고 평정한 상태로 만들어주는 감압 공간이다.

격한 감정을 따라서 말을 하다 보면 의도한 생각보다 더 격한 표현을 하게 된다. 거센 파도에 맞서면 내 몸뚱이가 모래사장에 뒹굴거나 파도 속에서 중심을 잃어버린다. 파도가 밀려오면 일단 몸을 피하자. 파도가 부서지면 잔잔한 물결로 바뀐다. 잔잔한 물가에 서면 나의 중심을 온전히 지킬 수 있다. 감정은 파도처럼 밀려왔다가 부서지고 사라진다. 나를 지키려면 우뚝 솟은 파도가 아니라 평평하게 펼쳐진 잔잔한 물결 옆에 머물러야 한다.

혹시 우리는 긍정적인 말보다 부정적인 말을 더 많이 하며 살고 있지는 않은가. 긍정적인 말을 하는 데 돈이 더 들지도 않는데 한마디의 말이 상대의 기분을 좋게 해주는 줄 알면서도 잘 사용하지 않는다. 내 기분에 따라 상대의 기분을 상하게 하는 말을 먼저 하기도 한다.

살면서 친절한 말 대신 이와 반대되는 말을 들어봤을 것이다. 기분을 상하게 하는 말, 사기를 저하시키고 일할 의욕을 잃게 하는 말을 들었던 경험도 있을 것이다. 마더 테레사는 "친절한 말 한마디는 짧지만 그 울림은

끝이 없다."라고 했다. **힘들 때 들었을 친절한 한마디가 오랜 여운으로 남아 삶의 원동력이 되기도 한다.** 말 한마디에 위로를 받고 힘을 얻는다.

말은 감정을 북돋우기도 하고 감정을 상하게도 한다. 진정으로 위로가 필요한 사람에게 친절한 한마디의 말은 사람을 살리는 약과 같은 역할을 한다. 짧은 한마디가 희망을 잃어가는 사람에게 용기를 주고 삶에 희망을 주는 데 결코 작지 않은 역할을 한다.

틀린 것이 아니라 다르다고 생각하라

시간이 지남에 따라 변하지 않는 것은 없다. 물건은 색은 바래고 낡아진다. 마찬가지로 사람의 마음도 변한다. 사람의 마음이 고정되어 있다는 편견은 버려야 한다. 사람의 마음은 한 지점에 닻을 내리고 오래 머물 수 없다. 사람의 내면은 상태에 따라 골과 마루가 반복되는 마음의 펄스가 생긴다. 마음이 깊은 골짜기에 있을 땐 상대방에게 상처를 주게 되기도 한다.

상대의 부정적인 태도나 의도는 고정되어 있지 않다. 시간이 지남에 따라 변형되거나 완화되기도 한다. 적어도 하루 지나면 어제의 태도보다 많이 누그러진 것을 볼 수 있다. 아쉬운 사람이 먼저 찾아가서 물어야 한다. 예를 들면 상대와 전화로 대화할 때 시간을 내기 어렵다거나 요청한 사안에 시원한 답변을 해주지 않는 느낌을 받을 때가 있다. 그러나 막상 찾아가서 만나면 전화할 때와 분위기가 사뭇 다른 느낌을 받는다. 상대의 전화 음성 뉘앙스에 자신이 가지고 있던 고정관념이나 편견을 넣어 상대방의 의도를 왜곡했기 때문이다. 감정은 생각을 재료로 만들어지는데 어떻게 해석하느냐에 따라 긍정과 부정의 감정을 만들어낸다.

나의 결심이나 마음도 항구하지 않다는 것을 안다. 상대의 부정적인 마음도 항구적이지 않다. 상대의 마음 상태를 봐가며 공격이나 수비를 할 필요가 있다. 상대의 마음이 산마루에 있으면 대화가 쉬워지고 이해심이 넓다는 것을 느낄 수 있다. 반대로 상대의 마음이 골에 있다면 부정적인 말들로 폭격을 당할 수 있다. 하지만 구름이 한곳에 머물 수 없듯이 사람의 마음도 한곳에 머물러 있지 못한다. 상대의 부정적인 마음도 시간이 지나면 조금씩 풀릴 것이고 대화하기 편한 시간을 가질 수 있을 것이다.

진자에 추를 달아 충격을 주면 무게중심을 찾아 좌우를 왕복한다. 진자의 추는 반대편으로 갔다가도 금세 내 쪽으로 돌아온다. 진자의 추를 한쪽에만 머무르게 할 수는 없다. **우리는 진자의 추처럼 내 생각과 상대방의 생각을 왔다 갔다 하며 판단하는 것이 필요하다.** 그러면 상대의 말과 행동을 이해하는 데 도움이 된다. 이해하기 어려웠던 부분도 그럴 수 있겠구나 하고 생각하게 되고 이렇게 상대에게로 돌아가서 생각하는 습관을 갖는 것은 소통에 도움이 된다. 나와 생각이 다른 사람의 의견을 존중할 수 있게 된다.

그렇기 때문에 갈등 상황에서 단칼에 거절하기보다 다시 생각해 보겠다는 말을 건네는 것이 필요할 때가 있다. 상대방의 말에는 이유가 있을 것이므로 좀 더 상대방의 입장에서 생각해 봐야 한다. 틀린 것이 아니라 다르다고 생각해야 하는 것이다. 상대방에게 틀렸다는 표현을 하면 소통은 이루어지지 않는다. 예를 들어 부하 직원이 상사에게 보고하기 어려울 때가 있다. 자기 책임하에 관리해야 할 목표를 지키고 싶어 무리하게 일을 추진했을 때 보고하기 어렵다. 아니면 좀 더 성과를 내보려는 의욕에서 실수를 저지르면 보고하기 힘들다. 이런 경우에 리더에게 중요한 것은 직원이 틀렸다고 호통치는 것보다 직원의 체면을 세워주면서 대응하는 것이 필요하다.

또 상대방이 고객이라면 요구에 무리가 있다는 것을 다른 시각으로 설명해야 한다. 고객의 요구를 무조건 들어주면 고객 프로젝트의 품질에 문제가 생길 수 있다는 점을 차근히 설명해야 한다. 고객이 요구하는 부분에 품질, 공정, 안전, 디자인에 생길 문제와 우려를 우회적으로 알려주어야 한다.

내 입장에서는 내가 생각하고 판단하는 일이 맞다고 생각할 수 있다. 그러나 이것은 내 입장이다. 그동안 나를 지배하고 있던 생각과 환경의 결과물이다. 생각하고 자라온 환경이 다른 상대의 입장에서는 나와 다를 수 있다. 백번 생각해서 내 입장이 맞다고 해도 상대방의 입장을 무시하거나 받아들이지 못하는 행동을 취하는 것은 금물이다. 비난과 불평보다는 인정할 것은 인정하고 내 입장을 고려해 준 것에 대한 감사한 일을 먼저 꺼낸 후 나와 다른 상대의 입장을 풀어나가야 한다. 상대방이 한 말 중 긍정적인 것은 깊게 공감하고, 부정적인 것에는 정중히 우려의 마음을 표현하면서 계속 대화로 논의할 여지를 주어야 한다. 대화는 상대를 인정하고 공감을 사는 것에서부터 시작하고, 내 의견을 정중히 피력하면서도 상대방의 감정을 어루만지며 마무리 지어야 한다.

문제 해결의 실마리

매일 비슷한 일을 비슷한 방법으로 하는 사람의 뇌는 점차 쪼그라든다고 한다. 새로운 일에 도전할 때, 같은 일을 다른 방법으로 시도할 때 인간의 뇌는 활성화되고 에너지도 나온다. 심리학자들은 아이큐는 타고난 것이 아니라 생활의 질, 교육 수준에 따라 높아지는데 이런 현상은 일생 동안 계속된다고 한다.

인간은 자신이 이전에 보고, 듣고, 경험한 것 말고 새로운 것을 떠올리는 것은 불가능하다. 창작도 과거의 경험이 바탕되어 나온다. 재료가 좋아야 좋은 음식을 만들 수 있다. 연장이 좋아야 좋은 작품이 나오듯이 좋은 생각을 하려면 재료가 좋아야 한다. 인풋이 좋아야 아웃풋이 좋다. 책을 많이 읽고, 좋은 것을 듣고, 의미 있는 경험을 하는 것이 좋은 생각과 좋은 질문을 떠올리는 데 필수 조건이다. 피터 드러커는 경영학의 아버지로 불리지만 2년마다 새로운 분야에 도전했고 철학, 경제학, 법학, 사회학, 역사학에 능통한 세계적인 거장이 되었다. 피터 드러커는 "컨설턴트로서 나의 가장 큰 장점은 아는 척하지 않고 이것저것 물어보는 것이다."라고 말했다.

질문 하나로 세상을 바꿀 수도 있고, 기업을 살릴 수도 있고, 인생을 바꿀 수도 있다. 현대심리학의 아버지 프로이트는 '무엇이 인간의 마음을 지배하는가?'라는 질문을 스스로 던져 잠재의식의 존재를 알아냈다. 프로이트는 마음을 텅 비게 하거나 꽉 채우는 것이 무엇 때문인지에 대한 질문을 스스로 던져 무의식과 정신분석의 세계를 탄생시켰다. 마찬가지로 공감도 질문이 중요하다.

'Problem'의 어원은 '앞으로 던진다.'는 뜻이다. 문제란 앞으로 던지는 순간 해결의 실마리를 잡을 수 있다. 우리는 가끔 '무엇이 문제인지 모르겠다.'라는 말을 한다. 무엇이 문제인지 알기 위해서는 질문을 해야 한다. 본질적인 질문은 문제의 근본 원인을 깊숙이 들여다보고 성찰하는 것이다. 어떻게 보면 삶은 질문을 받는 과정이다. 우리는 삶이 매 순간 던지는 물음에 답을 해야 한다. "삶이 내게 무엇을 기대하고 있는가?", "삶에서 어떤 의무와 어떤 과제가 나를 기다리고 있는가?" 아우슈비츠에서 생존한 빅터 프랭클의 저서 『그럼에도 삶에 '예'라고 답할 때』에 나오는 말이다.

스승은 절대 제 발로 걸어 들어오지 않는다. 공감도 마찬가지다. 내가 묻지 않는 이상 가르쳐주지 않는다. 병원에 가도 약국에 가도 내가 어디가 아픈지 얘기해야 거기에 맞는 처방을 받을 수 있다. 자동차 공업사에서 골치 아픈 고객은 자동차가 어디가 문제인지 얘기하지도 않고 알아서 점검해 달라는 고객이라고 한다. 공감도 받고자 하는 사람한테 다가간다. 타인으로부터의 공감도 공감받기 위해 노력한 만큼 받을 수 있다.

그렇게 생각할 수도 있겠구나

상대방이 아무리 자극적인 언행을 하더라도 이에 대응하여 극단적으로 행동하면 남는 것은 후회뿐이다. 행동에는 누군가 그러한 행동을 하게끔 제공한 원인이 있다. 그러나 사람들은 원인을 이해하기보다 비이성적인 결과만을 기억한다. 사람들은 자극에 민감하게 반응하고 그 결과를 오래 기억한다.

미국 건국의 아버지라 일컬어지는 프랭클린은 매일 잠들기 전 체크 항목 중에 중용Moderation이란 대목을 넣었다. 이 말은 '극단적으로 행동하지 말라. 상대가 나쁘게 행동하더라도 홧김에 후회할 일을 하지 말라.'라는 것이다.

홧김에 한 행동은 화를 불러올 수 있다. 평정한 상태를 유지하면 이성적으로 판단할 수 있다. 인풋과 아웃풋이 이성적으로 도출되기 때문에 올바른 판단을 할 수 있다. 자신이 불리한 상황일수록 평정한 상태를 유지하는 것이 중요하다. 평정한 상태를 유지하다 보면 불리한 상황에서 정상적인 상황으로 회귀할 수 있다. 그렇기 때문에 상황이 불리하고 불합리하더라도 기분에 따라 바로 반응하기보다 평정심을 가지고 대응하는 것이 백배 낫다.

평정심을 가지려면 인내가 필요하고 인내를 가지려면 시간이 필요하다. 상처를 받을 때의 내 마음 상태를 보면 평정한 상태를 유지하지 않은 상태일 때가 많다. 평정한 상태가 아니기 때문에 자신에 대해 온전히 방어하거나 상대에 대해 이성적으로 대응할 수 없다. 만약 일 때문에 타인으로부터 공격을 받게 된다면 가장 먼저 해야 할 일은 일과 감정을 분리하는 것이다. 평정은 가장 자연스러운 자신의 모습으로 돌아오는 것이다.

불리한 상황에서 자신의 입장에 대해 조금 덜 방어했더라도 모자란 부분은 다음 기회에 방어해도 된다는 여유를 가져야 한다. 상황을 정확하게 판단할 수 있는 잣대도 평정심을 유지하고 있을 때 갖출 수 있다.

견해차가 있을 때 다른 사람까지 피해를 보게 하는 행동은 바람직하지 않다. 우리는 주변에서 이런 광경을 종종 목격한다. 주위 사람들이 불편할 정도로 언성을 높이거나 상대가 상처받을 말을 주저 없이 내뱉는다. 생각이 다를 뿐인데 산불이 번지듯이 이곳저곳으로 다른 주제로까지 번진다. 여기에 주변에서 한두 마디 가담하면 산불은 강풍을 만나게 된다.

한쪽의 의견만 들으면 사고는 한쪽으로 쏠린다. 판사는 판결할 때 피고와 원고의 말을 다 듣고 판결을 내린다. 한쪽 말만 듣고 판결을 내린다면 올바른 판결이 아니다. 판사는 양쪽의 말을 듣고 법리와 증거 그리고 자신의 의견을 종합해서 판결을 내린다. 남을 판단하기 전에 한쪽의 의견을 듣는 데만 치중하지 않았는지 생각해 봐야 한다. 또 알게 모르게 남의 의견을 무시하거나 소홀히 여겨 상처를 주지 않았는지 돌아봐야 한다. 혹은 나보다 약자이거나 상대적으로 의견을 피력하기 어려운 상대에게 내 의견을 주입하려 하지 않았는지 생각해 봐야 한다. 가정에서 직장에서 어떤 모임이나 단체에서 충분히 있을 수 있는 일이다.

남의 의견도 내 의견만큼 소중히 다뤄야 하고 존중해야 한다. **다른 의견을 수용하는 자세가 완숙한 자세이다.** 다른 사람의 의견과 부딪히면 서로 이로울 것이 없다. 의견이 다른 사람을 공격해서 얻는 만족은 오래가지 않는다. 공격의 끝은 관계의 단절이다. 견해차가 있는 사람의 의견에는 수용과 공감의 자세가 필요하다. '그렇게 생각할 수도 있겠구나.' 하고 상대의 입장을 이해해야 한다.

상처받은 것은 내가 약하기 때문이 아니다. 내게 문제가 있는 것이 아니라 상황이 그렇게 흘렀을 뿐이다. 나쁜 상황은 좋은 상황을 만들어내는 촉매로 활용될 수 있다. 바닥으로 떨어졌으니 올라갈 일만 남았다고 생각하면 된다. 움츠렸기에 도약할 수 있다.

화를 내면 얼굴색이 변하고 호흡이 가빠진다. 감정은 이렇게 몸이 반응한다. 하지만 생각은 몸이 격하게 반응하지 않기 때문에 에너지 소모가 적다. 그렇기 때문에 나에 대한 공격이 오면 감정으로 받기보다 생각으로 돌리면 덜 힘들어진다. 생각을 바꾸면 그만이기 때문이다.

가진 연장이 망치밖에 없다면 모든 것이 못으로 보인다

"뭐 눈에는 뭐만 보인다."라는 말이 있다. 당연한 얘기다. 쇼핑할 때도 배가 고프면 먹을 것만 눈에 들어온다. 미용사의 시선이 멈추는 곳은 상대의 헤어스타일이다. 신발 공장 사장은 사람들이 신은 신발을 많이 본다. 건설 분야에 종사하고 있다면 건물을 설계나 시공 관점에서 본다. **사물을 어떻게 보는지는 내가 뭘 중요하게 생각하는지, 어떤 마음을 가지는지는 달렸다.** "가진 연장이 망치밖에 없다면 모든 문제를 못으로 보게 된다." 에이브러햄 매슬로Abraham Maslow, 심리학자의 말이다.

좋은 상황이든 나쁜 상황이든 어떤 상황에도 장단점이 존재한다. 사람들은 나쁜 상황에 몰리면 단점만 부각시켜 절망한다. 하지만 나쁜 상황에도 분명히 장점이 있다. 어려운 상황일수록 단점에 매몰되기보다 이 상황에서 내가 얻을 수 있는 장점을 찾으려는 노력이 필요하다. 예를 들어 직장에서 자리를 잃으면 누가 보더라도 장점보다 단점이 많은 상황이다. 그러나 이것을 기회로 새로운 전환점을 찾는다면 전화위복이 될 수 있다. 자신의 본모습은 좋은 상황보다 어려운 상황에서 정확히 볼 수 있다. 좋은 상황에서는 주변의 칭찬으로 가려져 껍데기가 알맹이인 양 착각하게 만들지만 어려운 상황에서는 내가 가진 알맹이를 내 스스로 들여다볼 수 있다. "시련이란 진리로 통하는 으뜸가는 길이다." 영국의 시인 바이든의 말이다. 변화는 내가 원하는 방향으로 오지 않을 때가 많다. 쇠도 강철이 되기 위해서는 불로 단련을 받는다. 온실보다 야생에서 자란 식물이 훨씬 강하다. 힘든 상황은 사람을 더 강하게 만든다.

조선 시대에 18년 동안이나 유배 생활을 했던 다산 정약용의 비문에는 "하늘은 나를 버리지 않고 곱게 다듬으려 했다."라는 말이 적혀 있다. 대부분 사람은 유배를 삶의 나락으로 받아들인다. 하지만 정약용은 유배 생활을 오백여 권의 책을 저술하면서 창조적인 활동으로 승화시켰다. 그는 생각을 글로 옮기면서 백성을 섬기고 자신과 가문에 대한 후대의 공정한 평가를 기대했다. 그가 유배 생활 동안 좌절과 울분으로 허송세월했다면 후대 사람은 실학을 집대성한 대학자로 그를 기억하기보다 역적으로 내몰린

폐족 가문의 한 사람으로 기억했을 것이다.

공격적인 태도를 지녔느냐 수비적인 태도를 지녔느냐에 따라 문제를 보는 시각이 다르다. 비판과 냉정함을 일삼는 마인드를 가졌느냐 관용과 이해하는 마인드를 가졌느냐에 따라 사안에 대응하는 자세가 다르다. 공격적인 사람은 장점과 단점을 균형 있게 보기보다 단점만 부각해서 판단하려는 경향이 있다. 이 사람에게는 타인의 장점은 당연한 것이어서 보이지 않는다. 상대의 단점만 찾고 단점만 공격한다. 그래야 자신이 부각되고 상대를 제압하는 데 도움이 된다고 생각한다.

공격적인 성향을 가진 사람이 나에 대해 이러쿵저러쿵 얘기한다고 해서 내가 그 말대로 정의되지 않는다. 누구나 나의 문제에 대해 나 이상으로 관심을 갖지 않는다. 그러니 나의 귀한 시간과 에너지를 나를 공격하는 사람의 말에 필요 이상 쏟을 필요는 없다. 사람은 장점과 단점을 가지고 있다. 사람은 누구나 단점을 갖고 있고 이것을 대체하는 장점도 가지고 있다. 그래서 이해와 관용의 자세가 필요하다.

모든 상황 또한 장점과 단점을 가지고 있다. 기회는 위기 속에 감추어져 있다. 자포자기할 정도로 힘든 상황이라도 숨어 있는 한 줄기 빛을 찾아야 한다. 그 한 줄기 빛이 나를 도약하게 하는 발판이 된다. 희망이 전혀 없어 보이는 상황에서도 희망의 단서를 찾아야 한다. 이 단서를 잡고 끈질기게 매달려야 한다. 그러면 불리한 상황은 장막 뒤로 사라진다. 상황은 놀이터에 있는 시소와 같다. 문제를 부각시키면 기회는 아래로 내려간다. 하지만 희망의 단서, 기회의 단서를 위로 올리면 문제는 수평선 아래로 내려간다. 내 안에 어떤 연장을 가지고 있느냐에 따라 문제를 인식하고 해결하는 방법이 다르게 나타난다.

관계의 울타리

사람 사이에는 일정한 거리가 필요하다. 가까우면 좋지만 항상 그럴 수는 없다. 나와 상대가 생각하는 온도 차이는 상황과 시간에 따라 다를 수 있다. 이 온도 차이로 공감에 균열이 일어난다. 이런 차이는 생각하는 방식의 차이, 자라온 환경의 차이로 발생한다. 시간이 지나면서 잊히는 일은 관계의 정도와 비례한다. 관계가 깊을수록 받은 상처는 잘 잊히지 않는다. 관계의 밀도가 높을수록 공감이 필요한 이유다. 충돌 사고에서 자동차의 중량이 높을수록 상대 차량 운전자나 보행자의 사망률이 유의미하게 높다. 인간관계도 관계의 밀도가 높을수록 상대는 상처를 많이 받는다.

안전에는 '위험 항상성 이론'이 있다. 위험성이 높은 곳에서는 위험을 인지하여 조심하기 때문에 사고가 잘 나지 않지만, 위험성이 낮은 곳에서는 조심하지 않아 사고가 난다. 위험 수준에 맞게 사람들이 행동하기 때문에 위험도가 높은 장소에서나 그렇지 않은 장소에서의 사고율이 비슷하다는 것이 위험성 항상성 이론이다. 실제로 건설 현장에서는 위험도가 높은 토목공사나 골조 공사뿐만 아니라 위험도가 낮은 마감 공사에서도 사고가 난다. 사람의 마음도 관계의 정도가 낮은 상대에게는 경계 태세를 갖추지만 관계의 정도가 깊고 오래된 가족이나 친척, 동료 사이에서는 긴장을 풀기 때문에 마음끼리 부딪쳐 상처를 낸다.

처음 지구의 대륙들은 원래 한 덩어리였다. 이 한 덩어리의 대륙을 판게아[Pangaea]라 부른다. 판게아로부터 각각의 대륙들은 손톱이 자라는 속도로 이동해 현재의 모습을 갖추었다. 대륙도 변화하는 것처럼 인간의 마음도 변화하기 마련이다. 인간의 마음은 유전적, 환경적인 영향을 받아 자신도 모르는 사이에 조금씩 변한다. 인식은 안 되지만 관계 속에서 나와 너의 마음도 변한다. 이를 '심리학적 유동성'이라 한다. 관계가 좋을 때는 절차를 일부 생략해도 문제가 되지 않지만, 상황이 예상하던 대로 되지 않고 문제가 발생하면 좋은 관계도 금이 간다. 사람에 따라서는 그냥 좋은 것이 좋다고 넘어갈 수 있다. 하지만 금전적인 문제나 책임이 따르는 일이라면 상대는 절차를 따질 것이다. **인간관계에서는 보이지 않는 울타리가 존재한다. 울타리에서 너무 멀리 떨어지면 관계는 소원해지고 허락 없이 울타리를 침범하면 배려심이 없는 것으로 간주된다.** 배려심이 줄어들면 가까운 관계라도 멀어진다. 편한 마음에 상대방 입장을 생각하지 않고 필터 없이 함부로 말한다면 그 관계는 금방 끝날 것이다. 좋은 관계일수록 금이 가기 시작하면 봉합하기 힘들다. 모르는 남남이라면 다시 안 보면 그만이지만 관계를 지속해야 하는 사이라면 마음 한구석에 걸림돌이 있는 느낌을 가질 것이다.

배려는 상대의 입장에서 생각하는 것이다. 배려심이 많은 사람일수록 인간미가 넘쳐난다. 배려는 인간과 인간을 이어주는 다리와 같다. 운전할 때도 배려심은 사고 예방에 도움이 된다. 배려의 힘은 작지 않다. 많은 문제는 배려의 결핍으로 발생한다. 범죄를 저지른 사람을 대상으로 조사한 결과에 따르면 과거에 신체적, 정신적, 성적 학대를 경험한 사례가 많은 것으로 나타났다. 즉 배려받지 못했던 경험이 범죄의 근본 원인인 것으로 파악되었다.

배려는 꼭 타인에게만 하는 것이 아니다. 자신에게도 배려가 필요하다. 어려운 현실을 헤쳐 나가는 지친 자신에게 무관심하기보다 스스로 위로하고 따뜻한 마음으로 감싸안아야 한다. 힘든 일로부터 잠시 떨어져 자신을 위한 시간과 공간을 만드는 것도 자신을 위한 배려다.

서로 주고받는 언행에서도 배려가 묻어난다. 어렵고 힘든 상황에서 배려는 큰 힘을 발휘한다. 배려심이 많은 사람일수록 사람들이 많이 따른다. 배려한다는 것은 열린 마음을 갖는 것이다. 로든 베리는 "우리는 조상으로부터 공감 유전자를 전수받아 우리의 몸속에는 공감 전류가 흐르고 있다."

라고 했다. 우리는 타인의 기쁨과 슬픔을 어떤 식으로든 공유한다. 상황에 따라서 자신과 타인의 경계선을 넘나들기도 한다. 관계의 울타리를 넘나들 때는 배려심이라는 안전장치를 간과해서는 안 된다.

미소는 사람의 마음을 녹인다

공감이 필요한 사람은 표가 난다. 말투나 표정이 이전 같지 않다. 힘들지만 힘든 표정을 애써 보이지 않으려는 분위기가 드러난다. 가까이 있는 사람이라면 그 사람을 아프게 한 원인이 무엇인지 감을 잡을 수 있다. 그냥 모른 척하는 것이 아픈 마음을 덜 건드리는 것이라 생각해 그냥 지나치기도 한다. 모른 척하는 것이 아니라 편하게 해주고 싶은 마음일 거다.

직장에서는 감정을 잘 드러내지 않는다. 그저 평상시와 같은 표정을 짓고 있는데 이는 어떤 자극이 올 때까지 고정된 모습이다. 한마디로 무표정한 얼굴이 바탕색이다. 무표정한 얼굴이 기본 사양은 아닐 텐데 무표정한 얼굴로 하루의 대부분을 보낸다. 정서와 공감이 메마른 생활 속으로 들어가서 마네킹처럼 감정을 벗어버리고 살기 때문에 무표정이 기본이 된 것이다. 서로에 대한 관심과 연민보다 일이라는 차가운 일상에 자신을 파묻고 살아가기 때문이다.

대부분 리더는 많은 걱정을 안고 있지만 얼굴에는 무덤덤한 표정을 짓는다. 때론 힘들 때도 무덤덤해 보인다. 그럴 이유가 있다. 약한 모습보다

당당하게 아무렇지도 않다는 자신의 건재를 보이고 싶어서다. 하지만 가슴에 두꺼운 솜이불로 덮어둔 걱정은 통풍이 잘되는 가벼운 이불로 갈아줘야 한다. 그래야 걱정이 곪지 않는다.

사람은 얼굴에 많은 것을 포함하고 있다. 사람은 어떤 감정을 가지느냐에 따라 얼굴 표정이 달라진다. 본인은 잘 의식하지 못해도 주변 사람들은 알아본다. 나에게 관심이 있는지는 표정을 보면 가늠할 수 있다. 무덤덤한 표정은 나에게로 열리지 않은 감정이다. 따뜻한 미소는 나에게 관심이 있고 나와 소통이 가능하다는 사인이다.

표정은 공감의 또 다른 표현이다. 상대를 지긋이 바라보고 상대를 포용하고 이해하려는 자세는 표정에 드러난다. 그렇지 않고 상대와 적대적 감정에 싸이면 입술부터 꼭 다문 표정을 짓는다. 냉랭한 표정, 얼굴에 창백기가 도는 표정, 눈에 힘이 들어간 표정은 상대와 일전도 불사하겠다는 표정이다. 수비와 공격에 대비한 전투 자세다.

직장에서 평소에 친숙하지 않은 사이라도 미소로 위로해 주는 사람이 있다. 수개월 동안 프로젝트를 준비하느라 고생했는데 생각지도 않은 장애물을 만나 성과가 두드러지지 않아도 나의 고생을 인정해 주는 사람이 있다. 기운이 빠지고 의욕을 잃었을 때 내 처지를 공감하는 따뜻한 한마디의 말을 건네는 사람이 있다. 이런 말은 추운 겨울날 따뜻한 한잔의 차와 같다. 따뜻한 기운에 속이 풀리는 기분이다.

사람의 마음을 얻는 데 눈빛과 표정은 매우 중요하다. 상대는 눈빛과 표정을 보고 벌써 나에 대한 반응을 파악한다. 우연히 마주치더라도 그냥 지나치기보다 따뜻한 미소라도 지어보면 어떨까. 상처를 입은 상대가 반응하지 못해도 따뜻한 마음은 전해진다. 따뜻한 표정을 보내는 것은 '나는 당신에 대해 관심이 있으며 당신이 잘되었으면 하는 마음을 가지고 있다. 나는 당신 편이다.'라는 무언의 사인을 보내는 것이다. 얼음을 녹이는 것은 매서운 찬바람이 아니다. 따뜻한 봄날 불어오는 춘풍이 꽁꽁 얼어붙은 냇가를 녹이듯이 따뜻한 미소는 사람의 마음을 녹인다.

양방향 화살표

우리는 우리가 한 행동이 다른 사람에게 어떤 영향을 끼치는지 모르고 살 때가 많다. 나에게는 아무렇지도 않지만 상대에게는 자극이 되고 피해가 될 수 있는데도 말이다. 카페에 가보면 주위 사람을 아랑곳하지 않고 큰 소리로 떠드는 사람을 보곤 한다. 전철에서도 마찬가지다. 대부분은 주변에 피해가 가지 않는 범위에서 행동하지만 이 사람에게는 주위 사람들이 안 보이는가 보다. 배려심이 없는 사람이다. 주변 사람들이 눈살을 찡그리면서 자신을 보는 줄을 모르는 것 같다. 전혀 개의치 않는다. 자신의 얘기만 중요하고 다른 사람이야 방해를 받든지 말든지 관심이 없는 사람이다.

나와 상대를 이어주는 점과 선이 끊어진 사람들은 다른 사람들에 대해 무감각하다. 그래서 주위를 신경 쓰지 않는다. 나의 입장만 중요하고 상대의 입장을 생각하지 않는다. 내가 블랙홀의 중심이 되어서 주변의 모든 것을 나를 중심으로 빨아들이는 것과 같다.

마음의 기초가 약한 사람은 자꾸 남에게 나를 알아달라는 사인을 보낸다. 그러면 자신의 존재가 드러나고 관심을 받는다고 생각한다. 일시적인 관심으로 충족을 맛볼 수는 있어도 관심이 빠져나간 허공을 메우기는 어렵다. 그래서 빈 공간을 메우려고 관심받을 일을 되풀이한다. 이런 사람은 자존감이 낮은 사람이다. 자존감이 낮은 사람은 남이 받는 피해를 신경 쓰지 않지만 자존감이 높은 사람은 남에게 피해를 주는 행동을 삼간다. 남과의 관계가 잘 정립된 사람은 남에게 피해를 주는 행동을 하지 않는다.

관계가 소원해지면 주고받는 것이 없어진다. 물질은 마음의 빈 공간을 일시적으로는 채워줄 수 있지만 지속하기는 어렵다. 관계를 주고받는 화살표가 단절되면 사람은 견디기 힘들어한다. 그래서 끊임없이 관계를 이어줄 화살표를 그려나간다. 어떤 관계는 가느다란 실선을 그리고 있다. 어떤 관계는 점선으로 이어진 화살표를, 어떤 관계는 굵은 선으로 이어진 화살표를 그린다.

인간관계의 빈도나 밀도를 보면 내가 얼마나 건강한 관계를 유지하고 살아가는지 알 수 있다. 구불구불 휘어진 관계의 화살표도 있다. 나는 그런 관계를 원하지 않지만 상대에 따라서 또는 내가 처한 환경에 따라서 선은 휘어지고 굴곡을 그린다. 이 화살표는 위로 향하다가 아래로 곤두박질치기도 한다. 왜 상황이 꼬이게 되는지 알 수 없지만 누구나 삶 속에서 화살표가 굴절되는 상황을 맞이하게 된다.

이스라엘에는 죽은 바다라는 뜻의 사해死海 호수가 있다. 사해에는 흘러들어오는 물길은 있지만 나가는 물길은 따로 없다. 즉 여기에 들어오는 물은 증발 이외에는 나갈 방법이 없다. 수분은 증발되고 흘러들어온 물과 함께 녹아 있던 광물질은 빠져나갈 길이 없기 때문에 엄청난 양의 염분을 포함한 호수가 만들어진 것이다. 결국 이 호수는 생물이 살 수 없는 죽은 바다가 되었다. 인간관계도 한 방향으로만 소통되면 그 관계는 죽은 관계나 다름없다. 관계는 주고받는 것이다. 우리는 관계 속에서 살아간다. 사랑을 주고받고, 위로를 주고받고, 축하를 주고받고, 공감을 주고받으며 살아간다. **관계 속에서 수많은 화살표는 한쪽이 아닌 양방향을 그리며 움직여야 한다.** 화살표가 한쪽으로만 쏠리거나 화살표가 방향성을 잃으면 우리는 상처를 받거나 고립된다.

조직을 성공으로 이끄는 공감 리더십

1. 격한 감정일 때는 대응하지 마라. 시간 지연이 치료제다.
2. 표정을 관리하라. 얼굴에는 많은 것이 담겨 있다.
3. 관용과 이해의 마인드를 가져라. 문제를 보는 시각이 달라진다.
4. 일과 감정을 분리하라. 항상 평정심을 유지하라.
5. 관계의 울타리를 넘을 때는 배려심을 맨 앞에 둬라.

2장

공감 마인드셋

안경은 그 사람의 시력에 맞추어져 있다. 이런 안경을 눈이 정상인 사람이 쓰면 어지럽다. 안경을 쓰는 사람에게 왜 어지러운 안경을 쓰고 다니느냐고 반박하는 것은 의미가 없다. 그 사람은 그 안경을 통해서만 사물을 볼 수 있기 때문이다. 안경의 초점이 다 다르듯이 사람마다 보는 초점이 다 다르다.

마음속 가시 빼기

살다 보면 좋은 일만 있지 않다. 종종 원하지 않는 상황과 마주하게 되는 경우가 있다. 꿈보다 해몽이란 옛말이 있다. 나쁜 상황이라도 더 나쁜 상황의 시나리오를 상상할 수 있다. 어렵겠지만 더 나쁜 상황으로 가지 않은 것에 대한 위로로 마음을 달래보자. 모든 것은 당신의 해석에 달려 있다. 사람은 해결에 앞서 공감받기를 원한다. 상처받은 마음은 상처를 아물게 해주는 것이 급선무다.

작은 상처는 자연적으로 아물기도 하지만 흔적은 남는다. 하지만 깊은 상처는 적정한 치료 없이 오래 놔두면 덧난다. 깊은 상처는 전문가에게 가서 치료를 받아야 한다. 마음의 상처도 마찬가지다. 상처받은 상황의 자신을 탓하지 말자. 어떤 사람이든 상처받지 않는 사람은 없다. 하지만 누군가로부터 상처받기보다 스스로 상처를 주는 경우가 많다. 타인으로부터 공격을 받을 때 제대로 대응하지 못한 자신, 상황을 이렇게 만든 책임이 나에게 있다는 자책감, 점점 작아지는 자신을 보면서 드는 자괴감 등이 상처가 된다. 그러나 자신을 탓할 필요는 없다. **그럴 수밖에 없었던 상황만 있을 뿐이다. 그 상황에서 최선을 다한 자신을 안아주자.** 자신을 탓하는 것은 자신뿐이라는 것을 생각하자. 우리는 우리 자신이 얼마나 많은 에너지를 갖고 있는지 모른다. 잠시 화산 활동을 멈춘 휴화산이 되었다고 낙심하지 말자. 언젠가 용암을 내뿜는 활화산이 될 수 있다고 생각하자.

좋은 일은 좋은 생각을 동반하기 때문에 엔도르핀이 돈다. 하지만 나쁜 상황과 마주치게 되면 우리의 몸은 방어 기재가 작동한다. 나쁜 일을 좋은 것으로 해석하기는 어렵다. 하지만 불가능한 것은 아니다. 자신이 원하는 대로 상황을 바꿀 수 없다면 해석하기 나름이다. "본래부터 좋거나 나쁜 일은 없다. 생각이 그렇게 만들 뿐이다." 셰익스피어^W. Shakespeare^의 말이다.

지금은 때가 아니라고 생각하자. 겉으로 보기에는 잠자고 있는 것처럼 보이지만 내부에서는 용암이 흐르고 있다. 용암의 압력이 응축되고 있다. 휴화산은 언젠가 용암을 분출하기 위해 심연으로부터 에너지를 모으고 있다. 내가 나약할 때 더 강한 사람이라고 생각하자. 남들처럼 생각하면 남들밖에 못 된다. 남과 반대로 생각하자. "기억의 반대말은 망각이 아니라 상상이다. 아직 가보지 않은 길은 가보는 것이다." 이스라엘 전 대통령 시몬 페레스의 말이다. 과거에 얽매이기보다 희망찬 미래를 생각하자.

부드러운 음식만 먹으면 이가 상하기 쉽다

우리는 알게 모르게 자신을 평가한다. 그 기준은 남이 나를 평가한 근거를 토대로 한다. 누군가 칭찬해 주면 으쓱해진다. 상을 받거나 시험을 통과하거나 승진을 하면 거기에 합당한 평가를 자신에게 내린다. 이와 반대로 승진이 안 되거나 취업이 잘 안된 경우, 성적이 떨어진 경우 나는 나에 대한 평가를 절하한다. 외부의 영향에 기인하여 나를 평가하는 것은 나에 대해 남이 평가한 결과를 받아들이는 것이다.

일본 홋카이도에는 지적장애인이 모여 사는 공동체 '베델의 집'이 있다. 이들이 추구하는 삶은 현대사회가 추구하는 통념을 거꾸로 뒤집어놓는 발상이다. 하지만 이들은 일반 사람들과 달리 행복하다고 한다. 상승 지향 사회의 통념에서 벗어나 자신의 모습으로 살 수 있기 때문이라고 한다. 우리도 나를 사회 통념에 끼워 맞추지 말고 있는 그대로 존중해야 한다. 베델의 집 공동체가 내세우는 것들은 사회 통념과 다르다. 열심히 하지 않기, 중간에 포기하는 미덕 갖기, 자기 약점 알리기, 편견과 차별은 대환영, 안심하고 절망할 수 있는 인생 등이다.

나의 가치는 내가 절망과 마주했을 때나 도전에 실패했을 때 나 스스로 깎아내린 내가 아니다. 나라는 원석은 굉장히 고귀한 존재이고 괜찮은 존재다. 나라는 가공되지 않은 원석이 아직 다듬어지지 않아 반짝이지 않기 때문에 그 가치를 잘 인식하지 못할 뿐이다. 마치 땅 밑의 원유를 위로 끌어올리기 전의 상태다. 나는 내가 아는 것보다 훨씬 괜찮은 사람이다. 아직 기회가 오지 않았고 동기부여가 덜 되어서 앞으로 뛰어나갈 힘이 조금 부족할 뿐이다.

나는 대체될 수 없는 굉장한 가치를 지니고 있다. 그리고 세상을 이롭게 하고 내 주변의 사람들을 행복하게 할 수 있는 능력을 가지고 있다. 이뿐만 아니라 행복하게 살 권리가 있다. 헌법에도 보장되어 있는 행복을 추구할 권리를 가지고 태어났다. 전 국가대표 리듬체조 선수였던 손연재는 매달, 순위, 점수를 인생의 목표로 잡지 않았다고 한다. 그 대신 행복한 리듬체조 선수가 되는 것을 목표로 했다고 한다. 인생에서 가치 있는 것은 공짜로 주어진다. 마음, 영혼, 희망, 사랑 등. 돈을 지불하여 살 수 있는 것들은 대부분 가치가 낮고 대체 가능한 것들이다.

내가 자랑스러울 때만이 아니라 부족하고 창피하게 느껴질 때도 나를 사랑하고 보듬어주어야 한다. 오히려 어렵고 힘들다고 느껴지는 순간에 나를 더 보살피고 어루만져 주어야 한다. 자신이 얼마나 나약한 존재인지 분간하지 못하고 세상의 이목에 우쭐하여 잘났다고 자만하는 사람이 있다. 그에 반해 나약한 인간의 모습을 인정하고 겸손한 자세를 가진 사람이 있다. 이런 사람이 오히려 강하다. 어쩌면 우리는 우리가 나약하다는 사실을 깨닫는 것만으로도 강하다고 말할 수 있다. 인간이 나약할 때 진정한 자기 모습을 바라본다. 진정한 자기 모습을 깨닫는 자는 가장 큰 방해물인 교만이라는 육중한 바위를 굴려낸 것이다. 인생을 나락으로 떨어뜨리는 것은 실패나 좌절이 아니고 성공과 칭찬이다. **살면서 변화에 적응했던 시기를 돌이켜 보라. 평온하고 안정된 때가 아니라 시련과 고난이 닥쳤을 때 우리는 변화되었다.** 도자기는 불가마 속에서 구워지기 전까지는 윤기가 나지 않지만, 불가마 속에서 구워지고 나서야 비로소 윤기가 흐르는 작품이 된다. 부드러운 음식만 먹으면 이가 상하기 쉽다. 단단한 음식은 이를 튼튼하게 한다. 인생 여정에서 만나는 고통과 시련은 우리를 더 강하게 하고 윤기 있게 다듬는 과정이다.

1인칭보다 2인칭

호수가 잔잔하면 주위의 풍경을 그대로 담는다. 호수에 바람이 일어 물결이 출렁이면 주변의 모습은 자취를 감춘다. 마음의 호수도 마찬가지다. 내가 상대를 공감하기 어렵다는 것은 내 마음의 호수에 파도가 일렁이는 상태이기 때문일 수도 있다.

사람의 마음은 자신도 모른다. 어떤 때는 잔잔한 호수와 같은데 어떤 때는 풍랑이 일어난다. 풍랑의 원인이 멀리서 불어오는 바람일 수도 있고 아니면 내면에서 불어오는 바람일 수도 있다. 내 마음의 호수에 불청객인 보트가 지나가면서 물결이 일렁거려 나를 흔들어놓는다. 이런 풍랑의 원인은 내가 통제하기 어렵다. 하지만 일렁이는 물결에 어떻게 대처하느냐는 나의 몫이다.

노자의 『도덕경』에서 "부드러움이 단단함을 이긴다."라고 했다. 공감은 부드러움 없이 행하기 어렵다. 화가 나면 공감보다 불평이 먼저 나온다. 공감은 내면적으로 잔잔한 호수 같은 마음에서 발원한다. 상대와 이야기할 때 내 입장만 얘기하는 사람이 있는 반면 상대의 입장을 많이 이야기하는 사람이 있다. 대화의 주어가 1인칭인지 아니면 2인칭인지의 비중을 생각해 보면 상대의 말에 공감하는지를 알 수 있다. 1인칭으로 얘기되는 내용이 압도적으로 많다면 공감하는 쪽보다 공감받기를 바라는 쪽이다. 나의 이야기를 들어주고 나의 감정을 공유해 달라는 시그널을 보내는 것이다. 반면 2인칭 주어가 많다면 나보다는 상대에 집중하는 것이다. 나보다는 상대방에게 관심이 많은 것이다.

공감은 아름다움과 연결되어 있다. 영국문화협회가 비영어권 국가를 대상으로 가장 아름다운 단어가 무엇인지 조사했다. 조사 결과 가장 아름다운 단어는 'Mother[엄마]'로 밝혀졌다. '아름답다.'는 말의 의미는 '그대로 안는다.'라는 것이다. 즉 하나의 그릇이 둘을 포용하여 '감싸안는다.'라는 의미이다. 수많은 단어 중에 왜 엄마가 가장 아름다운 단어로 꼽혔을까. 엄마는 있는 그대로의 나를 사랑하는 사람이다. 엄마는 어려서부터 내가 어떤 사람인지, 내가 어떤 것을 좋아하고 싫어하는지, 나를 이해하고 나를 제일 많이 알아봐 주는 사람이다. 관계에서 1인칭보다 2인칭을 가장 많이 쓰는 사람이 엄마다. 엄마는 자신보다 항상 자식을 먼저 걱정한다. 그래서 자식은 나이가 들어도 엄마를 잊지 못한다. 공감의 힘이다. 공감은 이타적인 사람에게 주어진 능력이다.

공감은 말뿐만 아니라 표정, 몸짓과 같이 비언어적인 것을 포함한다. 나의 귀중한 시간을 상대와 함께할 때 최고의 공감이 될 수 있다. 우리는 세상에 외톨박이로 태어났다. 지구상에는 수많은 사람이 있지만 대부분 스쳐 지나가는 사람들이다. 이 시간 나를 기억해 주고 나와 함께 있어 주는 것만으로도 소중한 존재다.

적당한 그물코를 가진 그물을 사용하라

어부는 어종에 따라 적당한 크기의 그물코를 가진 그물을 사용한다. 그래야 원하는 고기를 잡을 수 있기 때문이다. 작은 고기를 잡을 때는 작은 그물코를, 큰 고기를 잡을 때는 큰 그물코를 가진 그물을 사용한다. 만약 어부가 작은 고기를 잡는 데 큰 그물코의 그물을 사용하면 원하는 고기가 걸리지 않을 것이다. 큰 고기를 잡는 데 작은 그물코를 사용하면 물의 저항만 커지고 정작 원하는 고기를 제대로 잡을 수 없을뿐더러 에너지만 낭비하게 될 것이다.

내가 쳐놓은 그물에 상대가 준 상처가 남아 있다. 그물이 촘촘할수록 작은 상처까지 안고 살아간다. 그물코의 크기는 사람마다 다르다. 웬만한 물고기가 숭숭 빠져나갈 그물코를 가진 사람이 있는가 하면 작은 멸치도 걸려드는 그물코를 가지고 살아가는 사람도 있다.

우리는 상황에 맞는 적당한 그물코 그물을 사용해야 한다. 상대가 아무 생각 없이 툭툭 던진 말을 작은 그물코의 그물로 받아들이면 여과되지 않고 마음 한구석에 걸려 있다. 마음의 그물에 큰 상처, 작은 상처들이 수없이 걸려 있으면 그물은 버티기 힘들다. 상대의 공격에 대응할 수 있는 적당한 크기의 그물코 그물로 방어해야 견딜 수 있다.

마음을 짓누르는 것의 상당 부분은 자신이 만들어낸 그물코에 걸려 있는 산물이다. 상대는 그렇게까지 생각하지 않았는데 혼자만의 생각으로 거기까지 도달한 것이다. 상대는 까맣게 잊고 있는데 나는 가슴 깊숙이 안고 있는 상처가 많다.

낡고 오래된 그물을 사용하면 고기를 골라낼 때 그물의 실이 군데군데 끊어진다. 그래서 고기를 잡고 난 뒤에 어부는 그물을 손질한다. 뜯어진 곳, 헤진 곳을 수선해서 고기가 새어나가지 않도록 한다. 사람의 마음도 마찬가지다. 크고 작은 상처를 받은 마음의 그물을 적정한 간격을 두고 수선해야 한다. 그렇지 않으면 그물을 뚫고 들어오는 상처를 막아내기 힘들다.

마음의 그물코를 수선하는 방법은 다양하지만, 삶의 쉼표를 두는 것은 그물을 수선하는 좋은 방법 중 하나다. 바이올린은 보관할 땐 줄을 느슨하게 해서 보관한다. 줄을 느슨하게 해서 보관하지 않으면 바이올린의 줄은 탄성을 잃는다. 사람도 마찬가지다. 항상 긴장과 스트레스 속에 일상생활을 지속한다면 오래가지 않아 정신적 육체적 부작용을 겪게 될 것이다. 그렇기 때문에 삶에서 틈을 찾고 여유를 찾는 것은 무엇보다 소중하다.

악보에는 쉼표가 있다. 쉼표에서 숨을 쉬어야 다음 노래를 부를 수 있다. 수영 선수도 얼굴을 물 밖으로 내밀어 산소를 마셔야 물을 헤치고 나아갈 수 있다. 숨을 쉴 때 제대로 쉬지 못하면 앞으로 나아갈 수 없다. 마음의 쉼을 위해 많은 사상가, 철학자, 음악가들은 산책을 통해 에너지를 얻고 영감을 얻었다. 일정한 시간에 하는 산책은 신선한 공기를 마실 수 있고, 걸음을 통해 혈액을 순환시킬 수 있으며, 창공으로 쌓인 피로와 스트레스를 날려 보낼 수 있었다. 그들은 산책하면서 새소리, 시냇물 소리, 낙엽을 스치고 지나가는 바람 소리를 들었다. 우리도 마음이 답답할 때는 자연을 만끽하며 좀 더 오래 걸으면서 나를 속박하고 있는 모든 굴레를 떨쳐버려 보자. 길을 나서면서 그동안 나를 가두어놓은 그물코를 잘라버린다고 상상해 보는 것도 좋을 것이다.

한가하다는 것이 결코 나쁜 것이 아닌데 왠지 모르게 한가로움이 지속되면 우리는 불안을 느낀다. “한가로움은 무엇과도 바꿀 수 없는 재산이다.” 소크라테스의 말이다. 삶의 쉼표는 공간과 시간으로부터 문제를 잠시 격리시키는 일이다. 내려놓고 뒤로 물러서는[back-off] 디로딩[deloading]의 시간이다. 쉼은 마음의 헤진 그물을 수선하는 것이다. 차 마시기, 명상, 산책하기는 디로딩의 좋은 예다.

공감은 땅에 떨어지지 않는다

어려운 시절은 누구나 다 겪는다. 누구는 경제적으로, 누구는 인간관계로, 누구는 사랑하는 사람과의 이별로 어려운 시기를 맞이한다. 상대가 어려움을 겪을 때 우리는 모르는 척 외면할 때가 있다. 혹은 관심을 보일지라도 겉치레 정도로 그칠 뿐이다. 하지만 진심으로 어려운 사람에게 관심을 보인다면 그 관심의 영향은 가히 적지 않을 것이다.

이전에는 어려운 사람에게 쌀을 줄 때 받는 사람의 입장을 생각해서 쌀을 팔아준다고 했다. 오래전 필자 주변에 경제적으로 어려운 사람이 있었다. 이 사람에게 한 사람이 쌀을 한 가마 팔아주었다. 이 쌀은 어려운 사람에게 큰 힘이 되었다. 오랜 시간이 지나고 도와준 사람이 상을 당하게 되었다. 어려운 시절에 도움을 받은 사람은 여전히 경제적인 어려움을 겪지만 들통에 육개장을 가득 담아 왔다. 이 정도 음식을 장만하려면 그 사람 입장에서는 적지 않은 비용이 들고 큰마음을 먹어야 가능한 일이었지만 힘든 시절에 도와준 사람의 고마움을 잊지 않았던 것이다.

사람이 어려움에 처한 환경은 그 사람만의 잘못으로 그렇게 된 것이 아니다. 주변의 냉대, 무관심이 황량한 환경을 만들었기 때문이다. 어려움에 처한 사람일수록 따뜻한 보살핌과 위로가 절실히 필요하다. 황량한 대지라도 물과 따뜻한 보살핌이 있었다면 아름다운 꽃이 피어날 수 있다. 대자연은 땅속으로부터 발원한다. 땅속에는 숲을 이룰 만큼 잠재적인 영양분이 있다. 땅은 생명을 품고 있다. 농부가 비옥한 자기 밭에 원하는 씨앗을 심듯이 우리는 마음먹으면 무엇이든 심을 수 있다. 땅 밑의 씨앗은 비를 고대하고 있다. 비가 오면 싹을 틔우고 대지는 푸른 초원이 된다. 대지는 비가 내리고 햇빛을 받아 무성한 숲을 이룬다.

사막은 오랫동안 건조한 기후와 거친 바람으로 황량한 땅이 많다. 사막이 스스로 꽃을 피우기 어렵듯이 마음의 사막을 걷고 있는 사람도 주변의 도움이 필요하다. 마음의 상처가 깊을수록, 메마른 마음의 상처가 오래될수록 한 바가지의 물로는 황량한 마음의 대지를 적실 수 없다. 일시적인 주변의 관심 정도의 물은 땅을 흠뻑 적시기보다 표면에 닿았다가 금세 증발해 버린다. **땅 밑의 씨앗이 대지를 뚫고 올라올 수 있도록 하는 한줄기 비와 같은 것이 공감이다.** 메마른 마음에 보내는 한 움큼의 공감은 메마른 사막을 흠뻑 적시는 비와 같다.

공감은 결코 땅에 떨어지지 않는다. 나는 잊고 있을지라도 상대방은 기억한다. 평범하고 진부한 곳에 진리가 숨어 있다. 행복에 이르는 길은 없다. 행복이 길이다. 지금 서 있는 곳, 함께하는 사람들이 행복으로 가는 길이다.

성숙한 사람의 시선이 향하는 곳

우리는 살아가면서 다른 사람을 판단하고, 또 다른 사람으로부터 판단을 받고 살아간다. 우리가 하는 다른 사람에 대한 판단은 선입견일 수도 있고 편견일 수도 있다.

사람들은 상대의 장점을 보기보다 단점을 더 많이 본다. 또 자신에 대해서도 장점보다 단점을 많이 생각한다. 나와 비교되는 상대는 나보다 좋은 것을 가졌고 내게 없는 것을 가진 것을 부러워한다. 남에게 없는 내 것을 보는 것이 아니라 남에게는 있는데 나에게 없는 것을 본다. 돈도 그렇고 명예도 그렇다. 외모와 재능도 마찬가지다. 내가 남을 부러워하는 것과 마찬가지로 남도 나에게서 부러운 것을 찾아 평가하고 있다는 것을 모른다.

우리는 소위 뒷담화를 좋아한다. 상대의 단점을 대놓고 그 앞에서 말하지 않는다. 대신 상대가 없는 데서 동료나 지인에게 이러쿵저러쿵 얘기한다. 그렇게 얘기할 때는 좀 홀가분하고 스트레스가 풀리는 느낌이 들지만 어딘가 개운하지는 않다. 남을 판단하는 일을 삼가고 침묵하고 있을 때는 왠지 입이 간지럽다. 인내할 줄 모르면 마음에 숨은 나쁜 생각을 주위 사람에게 말하게 된다. 남의 험담, 단점, 과거를 많이 얘기하는 사람이 있는가 하면 장점, 변화, 미래를 주로 얘기하는 사람이 있다. 대화할 때 그 사람이 쓰는 언어를 보면 그 사람의 내면을 알 수 있다.

내가 남을 판단하고 정의를 내린다고 해도 상대에게는 아무런 영향을 미치지 못한다. 남의 단점을 말해 봤자 그 사람의 단점이 고쳐지지도 않는다. 그뿐 아니라 자신의 마음도 평정한 상태가 깨진다. 남의 단점을 많이 얘기하는 사람과 얘기를 하다 보면 처음에는 그럴 수도 있겠구나 하고 동조를 하지만 빈도가 잦아지면 함께 자리하는 것이 불편해서 피하게 된다. 이 사람은 자신도 단점을 가지고 있으면서 남의 단점만 들추어내는구나 하고 그 사람이 다시 보인다.

사람은 누구나 단점을 가지고 있다. 내가 누구의 단점을 말하지 않으면 타인도 나의 단점에 대해 말하는 빈도가 줄어들 것이다. 남을 판단할수록 그 사람의 장점을 보기보다 단점을 많이 보게 된다. 남을 판단할수록 남을 덜 사랑하게 되고 덜 공감하게 된다. "더 많이 판단할수록 더 적게 사랑하게 된다." 작가인 발자크Honore De Balzac의 말이다.

하루의 많은 시간을 평가하면서 산다. 거리를 걸으면서 눈에 들어오는 간판을 본다. 어떤 것은 좋아 보이고 어떤 것은 안 좋아 보인다. 좋고 싫고, 마음에 들고 안 들고. 누가 나에게 평가를 의뢰한 것도 아닌데 우리는 눈에 보이는 모든 것을 평가하고 있다. 그러면서 나 스스로는 평가하지 않는다. 거울에 비친 내 모습은 보면서 내면의 내 모습은 잘 보지 못한다. 세상은 평가투성이로 가득 찼다고 해도 과언이 아니다. 우리는 가게를 들어가도 평가하기 시작한다. 분위기가 어떻고, 향기가 어떻고, 서비스가 어떻고, 음식 맛이 어떻고. 많은 평가를 하지만 일시적이고 단편적이다. 평가의 대부분은 잊힌다.

마찬가지로 남들이 하는 나에 대한 평가는 그리 오래가지 않는다. 남은 내가 생각하는 것만큼 나에 대해 별로 관심을 두지 않는다. 그래서 나에 대한 평가의 망각 속도는 빠르게 진행된다. 그러니 곧 잊힐 것으로 인해 스스로 짐을 지우고 힘들어하고 있지는 않은지 생각해 봐야 한다. 내 마음 한구석에 남이 나를 어떻게 생각하는지에 대한 생각을 한 움큼 갖고 있을

지 모르지만, 남은 나를 깃털만큼밖에 생각하지 않는다. 그 깃털의 무게로 내가 힘들어하는 것이다. 내가 남을 판단함으로써 내 마음의 짐을 더하는 경우도 있는데 소중한 시간을 투자하여 그럴 만한 가치가 있는지 생각해 봐야 한다.

나도 판단받을 일이 많다고 성찰하는 사람은 남을 쉽게 판단하지 않는다. 성숙한 사람의 시선은 남을 향해 있는 것이 아니라 나를 향해 있다. 남의 겉모습을 판단하기보다 자신의 내면을 성찰하고 반성해야 한다. 그래서 남의 단점을 찾는 것이 아니라 내게 없는 남의 장점을 보고 나에게 필요하다면 닮으려고 노력해야 한다. **비교할 대상은 남이 아니라 나 자신이다. 어제의 나와 오늘의 나를 비교해서 얼마큼 성숙해졌는지, 얼마나 발전했는지를 살펴야 한다.**

안경의 초점은 사람마다 다르다

사람과 사람이 살아가는 데 가장 필요한 것은 공감이다. 나와 생각이 다르다고 해서 틀린 것이 아니다. 입장을 바꾸어 찬찬히 생각해 보면 상대의 행동을 이해할 수 있는 폭이 넓어진다. 그러나 그런 교육을 받지 않았기 때문에 상대의 생각을 이해하지 못한다. 나와 생각이 다르면 틀린 것으로 간주한다. 여기서 파열음이 생기고 상처를 주고받는다.

나의 생각도 일부 조각을 모아 만들어진 것이다. 그래서 상대방처럼 틀릴 수도 있는 것이다. 일부만 보고 판단하기 때문에 다른 일부를 보는 사람과 견해 차이가 발생할 수밖에 없다. 나의 판단에 영향을 주는 많은 것들은 내가 보고 싶은 것, 듣고 싶은 것, 하고 싶은 것, 만나고 싶은 사람들 위주로 만들어진 하나의 성이다. 성벽의 높이도 성벽의 문의 견고함도 이것들을 토대로 만들어졌다. 내가 가진 성 안에 있는 것들을 조합하여 짧은 순간 판단을 내린다. 내가 쓰기에 편한 도구들로 측정한다. 측정기의 성능이 제한되었기 때문에 측정기로 잴 수 있는 것만 잰다. 측정기에 먼지와 이물질이 묻어 센서가 제대로 가동되지 않는다. 그래서 계기판에 나타난 수치를 신뢰할 수 없는데도 그 수치를 읽고 판단한다.

누구를 판단하기에 앞서 내가 보는 측정기가 제대로 작동되는지 점검해 볼 필요가 있다. '내가 제대로 보고 있는가?', '정확히 보고 있는가?', '무엇이 맞는 판단인가?' 상처를 준 사람과 상처를 받은 사람 사이에서 나의 관점만 내세울 것이 아니라 상대의 관점에서 들여다보는 지혜가 필요하다. 상대가 그럴 수밖에 없는 상황을 살펴보는 것은 상처를 그대로 수용하기보다 한 꺼풀의 쿠션이 되어 완충 역할을 한다.

어떤 사물이나 사건을 놓고 각자 견해를 달리할 수 있다. 쉽게 말하면 생각이 똑같지 않다. 생각이 다르다는 것을 인정하기는 쉽지 않다. 나와 생각이 다른 사람에게 내 생각을 주입시키는 것이 무리인 걸 알면서도 포기하지 않는다. 사람은 쉽게 변하지 않는다. 내 마음도 내 마음대로 되지 않는데 다른 사람을 바꾸는 것은 어려운 일이다.

우리는 다양한 문화와 환경을 배경으로 살아왔다. 그래서 사물이나 사건을 보는 앵글이 다르다. 나의 사고에 영향을 주는 사람도 매체도 다르다. **나도 모르게 형성된 고정관념은 내가 사물을 보는 렌즈로 나의 사고에 맞춰져 있다.** 쉽게 말하면 원시나 근시가 있는 사람이 쓰는 안경은 그 사람의 시력에 맞추어져 있다. 이런 안경을 눈이 정상인 사람이 쓰면 어지럽다. 안경을 쓰는 사람에게 왜 어지러운 안경을 쓰고 다니느냐고 반박하는 것은 의미가 없다. 그 사람은 그 안경을 통해서만 사물을 잘 볼 수 있기 때문이다. 안경의 초점이 다 다르듯이 사람마다 보는 초점이 다 다르다.

"우리는 사물을 있는 그대로 보지 않고 자기 상황과 형편에 따라 달리 본다." 작가 아나이스 닌Anais Nin의 말이다. 마치 나만의 안경을 끼고 사물을 보는 것과 같다. 세상에는 나와 다른 의견이 무수히 많으며 그들 나름대로 안경을 통해 들어온 그들의 세상을 가지고 있다. 그 세상이 나와 다르다고 반박하기보다 시력의 차이가 있다고 생각해야 한다.

생각의 측정오차

사람의 얼굴이 다 다르듯이 가지고 있는 편견도 사람마다 다르다. 어떤 사람은 예의나 태도에 대해 남다른 편견을 가지고 있다. 어떤 사람은 직업에 대한 편견을, 어떤 사람은 지역에 대한 편견을, 어떤 사람은 외모에 대한 편견을 가지고 있다.

우리는 알게 모르게 많은 편견을 가지고 살아간다. 사람들이 가지고 있는 편견의 양이나 질, 종류도 다양하다. 우리는 이런 많은 편견을 가지고 살아가는 사람들과 더불어 살아가고 있다. 내 편견과 상대방의 편견이 충돌하기도 하고 마찰을 빚기도 한다. 어떤 때는 유사한 편견을 가진 사람끼리 잘 맞춰 살아간다. 편견은 견해나 가치관으로 포장되어 세상에 나온다. 편견은 내가 생각하고 행동하는 것과 판단하는 것에 상당한 영향을 미친다. 내가 남의 편견을 얼마나 수용하고 허락하는가에 따라 마찰을 빚기도 하고 완충을 시키기도 한다.

인간은 객관적이지 않다. 스스로 편파적이지 않다고 생각할지도 모르지만 그렇지 않다. 상식이라는 틀 안에서 편견이 작동한다면 오차 범위 안에서 사람들과 의견을 맞출 수 있겠지만, 상식을 벗어난 편견은 극단으로 치달을 수 있다. 나도 모르게 투명 렌즈가 아니라 색깔이 들어간 렌즈를 끼고 있다. 노란색, 파란색, 검은색 등 각자 자신에 맞는 렌즈를 끼고 있다. 각자 렌즈의 색깔이 다르기 때문에 사물을 다르게 보고 판단한다. 마찬가지로 내가 보는 것도 마음의 상태가 반영되어 편견이 된다.

고정관념이 낳은 선입견은 상대를 선불리 판단해 버린다. 선입견은 공감의 장애물이다. 선입견이 강하면 아예 공감 자체를 하지 않으려고 한다.

선입견은 일종의 편견인데도 그걸 인정하려 들지 않는다. 선입견이 강한 사람은 주위에서도 더 이상 설득이 필요 없다는 것을 안다. 이전의 설득이 부질없는 노력이었다는 것을 알기 때문이다.

고정관념은 틀릴 때가 많다. 시간에 지남에 따라 업그레이드되어야 하는데 그렇지 못하다. 고정관념으로 판단하고 생각하기 때문에 오답을 내는 경우가 많다. 측정 기구가 정확해야 제대로 측정하는데 측정 기구 자체에 오차가 있으니 제대로 판별하기 어렵다. 각종 관측 장비는 공장에서 생산될 때는 품질 검사를 받아 장비 자체에 오류가 없다. 그러나 관측 장비는 사용하면서 오차가 발생한다. 이동 중에 충격을 받든지 사용 기간이 오래되어서 오차가 발생한다. 그래서 관측 장비는 정기적으로 검교정을 받아야 한다. **오차가 있는 관측 장비로 측정을 하면 결과물이 왜곡된다. 사람도 마찬가지다. 자신도 모르는 사이에 오차가 생기는데 이를 교정하기 위해서는 검교정 절차를 거쳐야 한다.** 마음의 검교정을 위해서는 먼저 열린 마음을 가져야 한다. 닫힌 마음을 가지고는 마음의 문을 열 수 없다. 열린 마음을 가지고 자신을 돌아봐야 한다.

문제는 왜곡된 마음으로 상대를 판단하는 것이다. 즉 선입견을 가지고 사람과 사물을 바라보는 것은 나만의 굴절된 렌즈로 세상을 보는 것이나 마찬가지다. 내 생각이 타당하고 객관적이라고 생각하지만 오류와 오차가 있는 관측 장비를 가지고 보는 것이다.

편견은 살면서 겪은 경험과 사고가 합쳐져서 만들어진다. 사람은 자신이 편견을 가졌는지 잘 모르면서 자신의 잣대로 세상을 보고 사람을 판단한다. 생각의 틀은 사회적 학습을 통해서 가장 영향을 받는다. 특히 특정 그룹, 예를 들면 부모, 친구, 미디어 등은 편견을 형성하는 데 큰 영향을 미치는 요인이다. 그중 어려서부터 시간을 함께한 가족은 생각과 행동에 가장 많은 영향을 미치며 그 편견의 농도는 짙을 것이다. 인간은 사회적 동물이므로 누구든지 자신이 속한 사회를 통해 편견이 형성된다. 그러므로 자신에게 편견이 있음을 인정하고 이에 대해 깊이 이해하려는 노력을 해야 한다. 자신의 편견을 인식하고 이를 바로잡고자 스스로 기준을 만들어 극복하려는 노력은 자신을 더욱 공정하고 정의롭게 만들 것이다.

내 생각에 편견이 자리 잡고 있는지 자신을 돌아보고 긴 호흡으로 내가 가진 편견의 깊이를 생각해 보자. 가장 중요한 것은 자신도 모르게 만들어진 편견을 인정하고 개선하려는 마음이다.

말의 에너지

중국의 국가주석인 시진핑은 말실수를 하지 않으려고 아침마다 자신이 할 말을 정리한다고 한다. 말의 힘은 무섭다. 생각은 스쳐 지나가지만 말은 부메랑이 되어 나에게 돌아온다. 좋은 말을 쓰든 나쁜 말을 쓰든 그렇다. 그렇기 때문에 **좋은 말, 감사의 말, 인정해 주는 말을 많이 쓰자. 그러면 좋은 에너지가 휘돌아 나에게도 긍정적인 영향을 미친다.** 짜증이 난다고 짜증을 내면 그 분위기는 상대에게도 전달되지만 나에게도 고스란히 전달된다. 기분 좋은 하루를 만들고 생기 넘치는 조직이 되어야 할 텐데 이런 기분이 전해지면 흐린 날 마냥 기분이 가라앉는다. 사람은 망각의 동물이다. 들은 것을 다 기억하고 있으면 스트레스를 받아서 못 산다. 아픔도 슬픔도 기쁨도 시간이 지나면 대부분 잊힌다. 그러나 시간이 지나도 잘 잊히지 않는 것들이 있다. 그중 하나는 화난 김에 불쑥 내뱉은 '한마디'다.

상대방에게 불쑥 상처를 남기는 '한마디'를 하는 사람이 있다. 이 사람은 평소에는 다정다감하고 모난 데가 없는데 어떤 상황이 닥치면 거르지 않고 직설적으로 얘기한다. 이런 경우 상대는 평소에 잘했던 것을 기억하는 것이 아니라 불쑥 내뱉은 그 한마디 말을 가슴에 담아둔다. 그래서 오랫동안 기억하고 곱씹는다. 이런 일은 특히 부부 관계, 가족 관계, 동료 관계에서 많이 볼 수 있다.

일단 참는 습관을 기르는 것이 중요하다. 하고 싶은 말을 참지 못하고 입 밖에 내는 순간 나는 말에 종속된다. 말의 에너지가 나를 다스리고 나는 그 말에 따라 알게 모르게 행동한다. 후회하게 될 말을 입 밖에 내는 순간 새로운 상황이 전개된다. 그래서 중국 속담에 "분노의 순간을 이겨내면 백 일 동안의 슬픔을 피할 수 있다."는 말이 있다. "분노란 순간적인 광기다." 시인이자 풍자가인 호러스의 말이다. 순간적인 감정에 못 이겨 내뱉은 말은 이전까지 자신의 공을 한순간에 허물어뜨린다.

사람은 분노가 치밀어 올라 정점에 달할 때 감성을 내뱉고 싶은 순간을 맞이한다. 이때 자신의 말이 옳다고 믿는다. 하지만 그것은 정상적이고 이성적인 상태의 말이 아니기 때문에 그 말을 내뱉는 순간 곧 후회하게 된다. 분노가 극에 달하면 열을 센 후 말을 해보자. 순간의 멈춤이 끓어오른 분노를 어느 정도 가라앉힐 것이다. 많은 사람이 한순간의 분노로 상대에게 상처를 주고 자신의 이미지를 추락시킨다. 사람들은 이전의 친절하고 반듯한 모습은 잊고 자신에게 상처를 준 분노한 모습만 기억한다. 이성을 갖추지 못한 모습은 사람들에게 인상 깊게 각인된다. 자기 관리를 잘하는 사람은 이런 순간적인 광기를 보이지 않는다. 이런 모습은 자신에게도 타인에게도 해롭기 때문이다. "분노는 매우 커다란 힘이다. 그것을 지배할 수 있다면 세상을 통째로 움직이는 힘으로 바꿀 수 있다." 영국의 시인 윌리엄 셴스톤의 말이다.

말은 이루어진다. 인디언 속담에 "같은 말을 만 번 하면 이루어진다."라고 했다. 말의 힘은 우리가 평소에 생각하는 이상의 힘을 가진다. 기운을 돋우는 일도, 기분을 상하게 하는 일도, 남과 멀어지게 하거나 가까워지게 하는 일도 말의 힘이다. 고부 관계도 상사와의 관계도 주고받는 말로 인해 힘들어지기도 하고 반대로 힘을 얻기도 한다.

노스캐롤라이나대학의 바버라 교수 연구에 의하면, 성장하는 기업 구성원의 언어는 긍정과 부정의 비율이 3:1 정도라고 한다. 만약 구성원이 사용하는 긍정의 언어가 이 비율보다 낮으면 그 기업의 실적은 부진했다는 것을 수학적으로 해석해 냈다. 이것이 마르셀 로사다의 이름을 붙인 '로사다 비율'이다. 말의 힘은 나뿐만 아니라 조직에도 영향을 미친다. 상대에게 좋은 말을 건네면 좋은 말이 되돌아온다. 마찬가지로 상대에게 기분 상하게 하는 말을 하면 그에 상응하는 말을 듣게 된다. 그래서 남을 칭찬해 주고 축복해 주는 말을 많이 해야 한다. 남을 위해서 그리고 나를 위해서 그래야만 한다. 사소한 말이라도 부정적인 말보다 긍정적인 말을 쓰는 습관을 들이자. 사소한 말이라도 무시 못 할 힘이 있다. 주변에서 존경받는 사람들이 어떤 말을 쓰는지 주의 깊게 살펴보자.

허수에 마음 뺏기지 않기

우리는 간혹 자신의 모습을 보고 실망하는 경우가 있다. 나는 무장이 잘 되었다고 생각했는데 방어선이 무너지는 것을 경험할 때다. 평소에 나는 진지를 잘 구축하고 평정한 상태를 유지한다고 생각했다. 누구를 만나더라도 조언을 할 정도로 여유가 있다고 생각했다. 그러나 몰랐던 자신의 약점과 허점을 가진 나약한 나의 모습을 발견하면 허탈해진다. 가진 것이 많을수록 성벽을 두껍고 높게 쌓는다. '내가 남보다 낫다.'라는 높은 자만심을 재료로 성벽을 쌓는다. 나에게 걸맞은 대우를 받아야 하고 남보다 특별한 존재로 여겨져야 한다고 생각하는 나만의 성벽이다.

아무리 튼튼한 성벽도 약점이 있다. 약점은 평소에는 노출되지 않다가도 공격받으면 쉽게 허물어진다. 약점은 예기치 않은 시간과 예기치 않은 방법으로 방어벽을 쉽게 뚫는다. 어떻게 보면 내가 통제할 수 없는 영역이기도 하다. 수련이 잘된 사람도 약점이 있다. 약한 곳이 공격을 받아 무너지면 다시 성벽을 쌓고 보강하는 수밖에 없다. 어떤 때는 성벽을 보수하기도 전에 또 공격을 받아 이전보다 더 망가진 성벽을 보게 된다. 마치 장마철에 물난리가 나서 제방이 무너졌는데 복구하기도 전에 폭우가 오는 것과 마찬가지다.

사람에게는 누구나 아킬레스건이 있다. 어떤 일로 아킬레스건이 건드려지면 자신도 모르게 예민하게 반응한다. 멀쩡한 몸을 건드리는 것보다 상처를 건드리면 더 아프다. 아픈 곳은 사소한 스침만 있어도 비명을 지른다. 마음에 상처를 입은 사람도 마찬가지다. 보통 사람이라면 그냥 넘어갈 일인데 정상적인 스펙트럼을 넘어선 반응을 한다. 주변 사람들은 너무 예민하게 반응한다고 하지만 이는 그 사람의 상처가 건드려졌기 때문이다. 누구나 상처는 있다. 몸도 겉으로 드러난 상처보다 암처럼 보이지 않는 상처가 훨씬 치명적인 것처럼 마음의 상처도 주위 사람들이 알지 못하는 상처가 진짜 치명적이고 아픈 상처다.

아픈 상처는 주변 환경과 밀접한 관련이 있다. 그런데 많은 사람이 환경보다 자신을 탓한다. 내가 부족하고 잘못해서 상처를 받는다고 오판한다. 그렇지 않다. 자신이 처한 환경이 나에게 영향을 미쳤다는 사실을 망각한 채 자신에게 채찍을 가한다.

성벽을 보완하는 방법 중 하나는 겸손한 마음으로 무장하는 것이다. 내가 겸손하지 않았기 때문에 예민하게 반응했다는 생각을 한다. 겉으로 드러나지 않는 겸손, 비굴하지 않은 겸손이다. 내가 약한 존재이고 쉽게 무너질 수 있는 성벽을 축조했다고 스스로 다짐하는 겸손이다. 『역경』에는 "겸손을 갖추면 모든 일에 막힘이 없다."라고 쓰여 있다. 이 마음의 성벽을 낮추면 자신과 이웃을 좀 더 가까이에서 볼 수 있다.

나를 괴롭히는 요인 중에는 허수가 많다. 잠시 왔다가 어디론가 사라질 허수에 마음을 빼앗기지 말아야 한다. 겉으로 보이는 허수와 내면의 진수를 구별해야 한다. 남들은 겉으로 보이는 허수는 보지만 내면의 진수를 잘 보지 못한다. 그렇기 때문에 가족 치료학자인 버지니아 사티어는 "남들의 제한된 인식이 나를 정의하지 못하게 해야 한다."라고 했다.

조직을 성공으로 이끄는 공감 리더십

1. 긍정적으로 생각하라. 상황은 해석하기 나름이다.
2. 공감은 공짜가 없다. 공감하지 않으면 공감받지 못한다.
3. 선입견은 공감의 장애물이다. 내 생각에도 오차가 있다고 인정하라.
4. 남의 제한된 인식에 내 마음을 빼앗기지 마라.
5. 어종에 맞는 적당한 그물을 사용하라. 헤진 그물로는 고기를 잡을 수 없다. '쉼'을 통해 그물을 수선하라.

3장

행복으로 가는 여정

행복은 언제나 감사의 문으로 들어와서 불평의 문으로 나간다. 행복은 결국 감사에 비례한다. 감사하는 마음은 행복의 마중물이다. 운명도 내 허락을 받아야 운명이고, 절망도 내 허락을 받아야 절망이다. 감사는 희망의 언어다.

당신이 찾는 것이, 당신을 찾고 있다

살아가면서 정지된 느낌이 들 때가 있다. 〈쇼생크 탈출〉이란 영화에서 주인공 앤디[팀 로빈스 分]의 친구 레드[모건 프리먼 分]는 번개가 치는 어느 날 밤 감옥의 침상에 걸터앉아 독백을 한다. "삭막하고 적막한 교도소 안의 시간은 정지된 것 같다." 무기수로서 희망이 사라진 감옥, 매일 의미 없는 노동만 이어지는 감옥에서 수십 년을 보낸 레드의 말이다.

인간은 앞으로 나아갈 길이 보이지 않을 때 내 인생은 그냥 이대로 끝이라는 생각을 하게 된다. 마음이 공허해지면 사랑하는 일과 목표를 잡기 어렵다. 나이가 들수록 새로운 것을 시작하기에는 버겁고 너무 늦은 것 같다는 느낌마저 든다. 어떤 것을 시도해 보다가 잘되면 성과가 되고 추억이 된다. 그러나 목표한 바를 이루지 못하고 중단하는 경우에는 마음이 괴롭다. 사업을 시도하다가 잘 안된 경우도 그렇고, 취업이나 자격증을 따기 위해 노력했지만 실패한 경우도 그렇다. 사업에 투자했던 비용과 시간인 매몰 비용을 생각하면 아쉬운 마음이 가득하다. 시험을 통과하기 위해 여러 번 도전했지만 소기의 목표를 달성하지 못했을 때 그리고 다시 도전하기에는 너무 늦어 보일 때가 그렇다. 나는 여기까지인가 보다 하고 푸념하게 된다. 목표를 위해 오랜 기간 노력했다면 더 그런 느낌을 받는다. 훌훌 털어버리고 일어나면 좋으련만 그러기엔 허전함만이 온몸을 휘감는다.

잠시 공허하다는 생각에 젖어들 때 그냥 이대로 끝인가 하는 생각이 밀려온다 하더라도 두 발을 굳건히 하고 서 있으면 파도에 밀려나지 않는다. 내가 이 땅에 있어야 할 이유는 분명 있다. 그럴 때면 그냥 가만히 있어 보자. 그냥 있다 보면 운명이 나에게 손을 내민다. 지난날을 돌아보면 그렇다. 내 힘으로 할 수 없는 많은 일 중 어떤 것은 내가 손을 내밀어 잡아보았고 어떤 것은 옷깃만 스치고 지나갔다. **기회도 마찬가지다. 손을 내밀면 어떤 기회는 손안으로 들어오지만 허공으로 날아가 버리는 기회도 있다. 하지**

만 기억해야 할 것은 손을 내밀지 않으면 어떤 기회도 잡을 수 없다는 것이다. "당신이 찾는 것이, 당신을 찾고 있다." 루미Rumi의 말이다.

내 마음은 원상태로 돌아가길 원하는데 내가 스스로 쳐놓은 장애물에 막혀 빠져나오지 못하고 있을 때가 있다. 화가 나거나, 걱정이 스멀스멀 올라올 때, 기쁨이 사그라질 때는 보통 '내 문제' 때문이다. 하지만 겨울이 아무리 춥더라도 봄은 반드시 온다. 추운 겨울을 견디는 나무는 의연하게 언젠가 찾아올 봄을 기다린다. 완전히 헐벗고 볼품없이 변했지만 봄이 오면 새싹을 돋우고 꽃을 피울 것이라는 희망을 버리지 않는다. 겉으로는 죽은 것처럼 보이지만 그 안에는 생명이 있기 때문에 내일을 기약할 수 있다. 인생도 마찬가지다. 힘든 겨울이 나를 휘감는다 하더라도 마음은 봄을 맞을 준비를 하며 희망의 씨앗을 품고 있어야 한다. 추울수록 한겨울이 지나는 것이다. 살아가야 할 이유를 찾는다면 마음의 봄을 막지 못할 것이다.

나무는 추운 겨울을 보내고 나면 나이테가 생긴다. 인생도 추운 겨울을 견디어내면 한 줄의 나이테가 생길 것이다. 이런 나이테가 많을수록 마음의 근성도 두꺼워져 웬만한 추위와 바람도 견딜 수 있다. "살아야 할 이유를 가진 사람이면 어떤 시련도 이겨낸다." 니체Friedrich w. Nietzsche의 말이다. 우리가 살아가는 데는 이유가 있다. 그냥 왔다가 그냥 가는 인생이 아니다. 필경 어떤 목표나 이유가 있을 것이다. 물건을 만들어도 쓰임새를 생각하며 만들지 그냥 만들지는 않는다. 나도 쓰임새가 있기 때문에 세상에 왔다.

자기를 사랑하는 사람은 남도 사랑한다

서점에는 공감에 관한 책이 넘쳐난다. 드라마를 봐도 그렇다. 그러나 현실은 정작 공감받지 못하고 상처받은 마음을 추스를 곳을 찾지 못하는 사람들로 넘쳐난다. 온갖 편의 시설이 갖춰져 있고 사람과 사람이 붐비는 도시에서 우리는 더 외톨이가 되고 고립되는 듯하다.

나에게 충고와 조언을 해주는 사람들 대신 나를 판단하고 평가하는 사람들에 둘러싸여 있다. 예상치 못한 사람으로부터 제대로 방어를 할 수 없는 상태에서 받는 상처는 치명상이 되기도 한다. 무방비 상태에서 상대의 강펀치를 맞으면 일어나지 못한다. 하지만 권투 선수처럼 두 손으로 얼굴과 옆구리를 잘 가려 충격을 최대한 흡수하면 상대 펀치는 대미지를 주지 못한다.

살아가면서 경험한 것들이 공감의 질을 결정한다. 공감을 잘하는 부모 밑에서 자란 아이들은 그렇지 않은 부모에게서 자란 아이보다 다른 사람의 감정에 더 잘 반응하고 더 높은 강도로 공감한다. 가정에서 따스한 눈길이나 한마디의 말은 따뜻한 쌀밥과 같다. 관심을 받지 못하고 자란 사람일수록 자신은 사랑받기에 부족하다는 생각을 가지는 경향이 있다. 어릴 적부터 자신에게 붙어 있는 온갖 상처와 흔적으로부터 자신을 떼어놓고 싶은 마음이 간절하다. 마치 기차가 마을을 지나 산을 휘돌아 가면 더 이상 마을이 안 보이게 되듯이 내게 아픔을 주었던 세상으로부터 벗어나고 싶은 마음이다. 그러나 상처는 좀비 같아서 때가 되면 죽지 않고 슬며시 나타난다. 통계에 따르면 어릴 때 괴롭히거나 괴롭힘을 당한 사람들의 20~25%는 삼십 대쯤 되면 정신의학의 도움을 받게 되었다고 한다.

우리는 과거에 자신이 실패했거나 실망했던 일에 얽매여 지금의 소중한 시간을 허비하지 않는지 살펴봐야 한다. 과거는 영원히 돌아오지 않고 내가 아닌 누구도 나의 과거에 관심이 없는데도 말이다. 자신을 엄격히 대해야만 자신을 용서할 수 있다고 생각한다. 내 권리를 스스로 포기한 채 타인의 자존심 밑에 놓는다. 스스로 검열하여 타인보다 엄격한 잣대로 자신에게 채찍을 휘두른다.

우리는 나보다 남을 의식하며 살아간다. 가정의 한 일원으로 조직의 한 사람으로 살아간다. 가정에서는 가족의 기대를 저버리지 않기 위해 헌신한다. 조직에서는 조직의 기대와 성과를 위해 나의 시간과 열정을 바치고 살아간다. 조직에서는 내 이름보다 직함이 먼저다. 이름보다 직함이 더 사회적인 인정을 받기 때문에 직함을 얻기 위해 많은 시간을 투자한다.

남을 사랑하기 위해서는 나를 먼저 사랑해야 한다. 나를 소중하게 여기면 남도 소중히 여길 것이다. 자기를 사랑하는 사람은 남도 사랑한다. 자기를 사랑하지 않는 사람은 마음에 얇은 벽을 세워놓은 것과 같아 바람이 불면 쉽게 흔들린다. **자기를 사랑하는 사람은 마음의 벽이 견고하기 때문에 외풍에 쉽게 흔들리지 않는다.** 공감은 사랑의 다른 표현이다. 사랑이 없으면 공감하기 힘들다. 사랑이 없으면 그 사람의 내면으로 들어가서 온전히 그 사람 편이 되어주기 어렵다.

행복의 그릇, 근심의 그릇

사람은 행복의 그릇과 근심의 그릇 두 개를 가지고 살아간다. 우리가 매일 밥그릇과 국그릇을 비우는 것과 마찬가지다. 행복의 그릇과 근심의 그릇은 삼시 세끼 밥을 먹듯이 채워졌다가 비워지고 다시 채워진다.

사람마다 저만치의 행복과 근심의 용량이 있는 것 같다. 지금 있는 근심이 없어지면 살맛 날 것 같지만 막상 근심의 그릇에서 근심덩어리가 치워지고 나면 어느새 다른 근심이 자리 잡는다. 비워지기가 무섭게 다시 들어온다.

근심에 맞서기란 쉽지 않다. 이 근심만 사라지면 만사가 편할 것 같은데 또 다른 근심이 꼬리를 문다. 근심이 장마라면 행복은 장마철에 잠시 구름 사이로 얼굴을 내미는 햇빛과 같다. 그러나 희망이 있다. 먹구름 위에는 항상 태양이 비치고 있다. 태양이 사라진 것이 아니라 먹구름에 가려졌을 뿐이다. 먹구름은 지나간다. 오래 머물 것 같고 언제 이 비가 그칠까 한숨

짓더라도 먹구름은 반드시 물러간다.

'행복happiness'과 우연을 의미하는 '해프닝happening'은 같은 어원이다. 구름이 소리 없이 물러가듯 행복도 우연히 예고 없이 찾아오는 경우가 많다. 행복은 거창한 것이 아니라 매일의 삶 속에서 기대하지 않는 순간에 느닷없이 찾아오는 작은 기쁨이다. 소소한 것에서 행복을 찾고 감사하는 마음을 간직하는 것이 행복한 삶을 사는 길이다.

"닫힌 마음이 가장 끔찍한 감옥이다." 교황 요한 바오로 2세Pope John Paul 2의 말이다. 언젠가 지나갈 먹구름 밑에서 빠져나오지 못할 것이라고 스스로 가두는 것은 마치 어항 속에 금붕어가 가림막을 치워도 가림막이 있는 것으로 착각하여 앞으로 나아가지 못하는 것과 같다. 근심의 그릇에 담겨 있는 근심을 빨리 비우지 못하는 것은 근심의 그릇에 무거운 뚜껑이 있다고 생각하기 때문이다. 내 힘으로 뚜껑을 열 수 없다고 생각한다. 그래서 닫힌 마음으로 살아가는 것이다.

근심의 그릇은 깊이가 얕은 그릇을 쓰자. 얕은 접시에 물을 많이 담아놓을 수 없듯이 근심이 마음 깊이 들어오지 못하도록 근심을 짧고 얇게 생각하는 습관을 기르자. 그러면 근심이 들어와도 금세 흘러넘쳐 그 이상은 담기지 못할 것이다. 반대로 행복의 그릇은 깊은 그릇을 쓰자. 그러면 행복은 쉽게 줄어들지 않을 것이다.

사람들은 흔히 행복에 전제 조건을 단다. 시험에 합격하면, 승진하면, 돈이 조금 더 있으면 행복하겠다고 생각한다. 뭔가 충족되어야만 행복을 느낀다면 이런 행복은 종속된 행복이다. 원하는 뭔가가 충족되면 그 행복은 사라지고 충족되지 않는 또 다른 행복을 좇는다. 간디는 "흔히 사람들은 풍요가 행복을 가져다준다는 착각을 한다. 가난한 것이 문제가 아니라 풍요로운 것이 문제다."라고 했다. 현재 상태, 있는 그대로도 충분히 행복하다고 느끼는 것이 필요하다는 요지다. "행복 건설을 위한 열 가지 방법에는 '감사, 친절, 헤아리기, 포기, 내가 받은 선물, 칭찬하기, 기대 전환, 받은 축복 헤아리기, 놓아두기, 조건 없이 사랑하기'가 있다." 상담심리 전문가인 캐스린 J. 헤르메스의 말이다. 이 중에서 특히 감사는 행복의 마중물이다. **일상에서 소소한 감사 거리를 찾아 자주 음미한다면 행복의 그릇은 마르지 않을 것이다.** "행복을 추구하지 말라. 차라리 행복할 수밖에 없도록 하는 좋은 습관이나 근면성을 기르라."라는 말이 있다. 남의 장점을 보는 습관, 내가 가진 것에 대해 감사하는 습관은 행복을 만드는 습관이다. 우리는 살면서 많은 것을 받았다. 그것은 간절한 바람일 수 있고, 뜻밖의 선물일 수도 있다. 기적도 시간이 지나면 흔한 일이 되어버린다. "세상에 기적이 적은 것이 아니라 감탄이 적을 뿐이다."『탈무드』에 나오는 말이다.

마음먹은 만큼만 행복하다

미국의 한 변호사 얘기다. 이 변호사는 개인적으로나 사업적으로 총체적 파산에 직면하여 심리적 공황에 빠져 살고 있었다. 절망과 방황의 늪에 빠져 있을 때 그는 '네가 지금 가지고 있는 것들에 감사할 줄 알기 전까지 너는 네가 원하는 것을 얻지 못하리라.'라는 내면의 음성을 듣게 되었다. 이 말은 변호사가 어린 시절 할아버지가 들려주었던 말이었다. 다른 방법이 없었던 그는 일단 주변 사람에게 감사 편지를 쓰기로 했다. 최근에 있었던 감사한 일을 친필로 몇 줄 써서 편지로 보냈다. 놀랍게도 이 감사 편지는 연쇄적인 성과를 가져왔다. 매일 하나씩 15개월간 감사 편지 쓰기를 마쳤을 때 그동안 삐걱거렸던 인간관계는 물론 계속 적자를 면치 못했던 사업에서도 기대하지 못했던 치유, 화해, 회복을 되찾을 수 있었다.

감사가 갖는 긍정적인 에너지는 굳이 강조하지 않더라도 어마어마하다. 감사는 감사를 낳고 불평은 불평을 낳는다. 이 둘은 연속성을 가지고 있어서 꼬리에 꼬리를 문다. "행복은 언제나 감사의 문으로 들어와서 불평의 문으로 나간다."라는 서양 속담이 있다. 즉 작은 것에도 감사하는 습관이 몸에 배면 우리를 행복으로 이끌지만 불평은 불만과 미움을 잉태하여 가지고 있던 행복도 가려 보지 못하게 한다.

행복의 쳇바퀴란 어제 큰 기쁨을 느꼈던 상황을 오늘은 당연한 것으로 받아들이는 심리적인 메커니즘을 의미한다. 집을 사고, 차를 바꾸고, 승진했을 때 느꼈던 행복이 시간이 지나면 평범한 일상에 묻히고 당연한 것이 된다. “자기가 가진 것이 충분하지 않다고 느끼는 사람은 세상 전부를 갖더라도 불행할 것이다.” 철학자 세네카의 말이다.

부시가 미국 대통령이 되면서 최초의 흑인 국무장관이 된 뉴욕 빈민가 출신 파월 장관의 이야기다. 학생 때 파월은 아르바이트를 했는데 아르바이트하는 공장에서 어느 날 다른 인부들과 도랑을 파는 일을 하게 되었다. 그때 한 사람이 삽에 몸을 기댄 채 회사가 충분한 임금을 주지 않는다며 불평하였다. 그리고 그 옆에서 다른 한 사람은 묵묵히 열심히 도랑을 파고 있었다. 몇 해가 지난 후 파월이 다시 그 공장에 아르바이트를 하러 갔을 때 여전히 한 사람은 삽에 몸을 기댄 채 불평을 늘어놓고 있었지만, 열심히 일하던 다른 사람은 지게차를 운전하고 있었다. 또 여러 해가 흘러 파월이 그곳에 다시 갔을 때 삽에 기댄 채 불평하던 그 사람은 원인 모를 병으로 장애인이 되어 회사에서 쫓겨났다. 하지만 열심히 일하던 다른 사람은 그 회사의 사장이 되어 있었다. 이 일화는 파월의 인생에 큰 교훈이 되었다고 한다.

우리가 감사하다고 느끼는 것은 우리가 느끼지 못한 감사에 비하면 빙산의 일각이다. 우리 몸만 해도 그렇다. 자신이 인지할 수 없는 수많은 혈관과 장기가 완벽한 조화를 이루어 생명을 유지하고 있다. 내 의지와 상관없이 태어난 이 땅도 축복받은 땅이다. 한 치의 오차도 없이 돌아가는 대자연과 우주는 탄성을 자아낸다. "인간은 자연의 장엄함과 경이로움, 조화로운 우주의 질서 속에 녹아들면서 자신의 문제들이 하찮은 것임을 깨닫게 되고 용기를 내어 그 문제들을 대면할 수 있게 된다." 랍비 로버트 고디스의 말이다.

감사는 그에 상응하는 열매를 가져올 뿐 아니라 그 자체로 행복을 증가시켜 준다. 행복은 결국 감사에 비례한다. 감사하는 마음은 행복의 마중물이다. 원하는 일이 이루어지면 감사하겠다는 마음이 아니라 미리 감사하는 태도를 갖는 것이 중요하다. 원하는 것이 이루어졌다고 미리 생각하는 것이 기적의 출발점이다. 결과를 '향해서' 한 걸음을 내딛기보다 결과에서부터 '출발'해야 한다. 감사는 신념의 가장 강력한 표현이다. **운명도 내 허락을 받아야 운명이고 절망도 내 허락을 받아야 절망이다.** "감사는 희망의 언어이다. 감사는 역경을 벗어나는 인생의 출구다. 사람은 마음먹은 만큼만 행복하다." 링컨의 말이다.

나는 그러길 원하는가

라틴어 '오티움[Otium]'의 뜻은 보상이나 결과와 관계없이 행위 그 자체가 나에게 기쁨을 주는 것을 말한다. 어떤 사람에게는 오티움이 봉사 활동일 수 있고, 누군가를 가르치는 일일 수도 있다. 자수성가한 사람들, 부자들도 돈을 좇기보다 일 자체를 즐긴 사람들이 많다. 오티움은 인생에 활기를 주고 하는 일에 의미를 부여해 준다.

축구 선수가 전후반 90분 경기에서 자신이 직접 볼을 다루는 시간은 5분 정도라고 한다. 나머지 시간은 볼을 잡기 위해 이리저리 뛰어다니는 시간이다. 인생은 기회를 얻기 위해 이리저리 뛰어다니는 축구와 같다. 부딪치기도 하고 누군가로부터 상처를 받기도 하겠지만 무사히 경기가 끝날 때까지 집중해야 한다. 기회는 내가 오티움이라고 생각하는 일에서 찾아온다. 오티움을 찾아 헤매기보다 내가 하는 일이 오티움이라고 생각을 바꾸는 것이 더 쉽다. "천직은 우연히 만나는 것이 아니라 스스로 만들어내는 것이다." 교세라 창업자 이나모리 가즈오가 한 말이다.

아인슈타인은 자신의 외모에 대해 이러쿵저러쿵 말하는 사람들에게 내용물보다 포장지가 마음에 든다면 슬픈 일이라고 말했다고 한다. 뉴욕의 한 길거리에서 풍선 장수가 헬륨 가스로 부풀린 풍선을 팔고 있었다. 풍선 장수 옆에는 노란색, 파란색, 빨간색 풍선이 하늘 높이 떠 있었다. 한 흑인 꼬마가 풍선 장수에게 다가가 물었다. "까만 풍선도 하늘을 날 수 있나요?" 풍선 장수는 흑인 꼬마에게 "풍선을 하늘에 떠 있게 하는 건 풍선의 색깔이 아니라 눈에는 보이지 않는 풍선 안의 내용물이란다."라고 말했다. 유행, 인정과 보상을 좇으며 살아가는 것은 내용물보다 포장지를 더 중요하게 여기는 것과 같다. 남이 나를 주목하고 나의 삶에 지대한 관심을 갖는다는 과장된 착각 속에서 살아가는 사람들은 자신을 포장하는 데에 열중한다. 남이 보고 있는 나는 포장지에 불과할 뿐인데 나의 내면은 내팽개친 채 포장지만 가꾼다. 이렇게 살다 보면 자신을 위해 사는 것이 아니라 다른 이의 기대를 좇아 살아가는 꼴이 된다. **결정에 앞서 생각해야 할 오직 한 가지는 '나는 그러길 원하는가?'이다.** 내면을 살피고 마음의 소리에 집중하여 나를 위한 결정을 내려야 한다.

심리학자인 쿠르트 레빈은 물리학 법칙을 응용하여 거대 이론을 만들었다. 레빈은 심리적 요인이나 동인이 사람을 이끈다고 했다. 접근 동인approach motives은 우리를 특정 행동으로 이끌고, 회피 동인avoidance motives은 특정 행동에서 우리를 멀어지게 한다고 했다. 즉 마음이 있는 곳으로 행동이 따라가게 된다는 것이다. 사람은 내적 동기와 외적 동기를 가지고 있다. 본인이 하고 싶은 것, 마음으로부터 우러나서 하는 것은 내적 동기다. 그래서 내적 동기는 보상이나 성과와는 상관없이 지속적으로 그 일을 한다. 내적 동기로 일을 하게 되면 피곤한 줄도 모른다. 스트레스를 받아도 곧 회복된다. 반대로 외적 동기는 남에게 인정이나 보상을 받을 목적으로 한다. 그래서 동기가 부여된 인정이나 보상이 사라지면 동력을 상실한다.

오티움도 생각하기 나름이다. 희망재전야상希望在田野上이라 했다. 이 말은

'희망은 밭과 들판 위에 있다.'라는 뜻이다. 즉 희망은 멀리 있지 않다. 희망이 주위에 널려 있는데 마음이 탁해 보지 못하는 것뿐이다. "누가 보거나 말거나 피네, 누가 보거나 말거나 지네, 한마디 말없이 피네 지네." 문효치 시인의 시 「들꽃」 중 한 대목이다. 들꽃처럼 누가 뭐라 해도 오티움을 찾아가는 우직한 사람이 되었으면 좋겠다.

소나기와 번개는 사흘을 넘기지 못한다

살다 보면 실타래가 풀리지 않는 매듭이 생긴다. 우리는 살면서 많은 매듭과 마주한다. 더러는 잘 풀리고 더러는 잘 풀리지 않는 매듭이다. 어떤 매듭은 나로 인해서 생긴 것도 있고, 어떤 매듭은 내가 전혀 예상치 못한 일, 내가 전혀 관여하지 않은 일로 인해 내 앞에서 생긴 경우도 있다. 힘든 상황을 만나면 사람들은 자신에게 가장 어려운 질문을 던진다. "왜 나지?"

누구에게나 매듭은 있다. 다만 매듭의 종류와 모양이 다를 뿐이다. 부자는 생계와 관련된 경제적인 고통은 고민하지 않아도 되지만, 그들에게 매듭이 없을까? 그들은 행복만 할까? 그렇지 않을 것이다.

매듭 없는 인생은 오히려 무료할 수도 있다. 모든 걱정과 근심이 사라진 인생, 필요한 것이 없고, 해결해야 할 문제도 없고, 노력해서 얻을 필요도 없는 모든 필요가 충족된 삶을 상상해 보자. 행복보단 무료할 것 같다.

나에게 매듭이 있다면 더 많은 매듭이 생기지 않은 것을 위안으로 삼아야 한다. 나보다 훨씬 힘든 매듭을 안고 살아가는 사람들이 있다. 그나마 돈으로 해결할 수 있는 매듭은 나은 편이다. 돈으로 해결될 수 없는 매듭을 가지고 살아가는 사람들이 많다. 병원에 가보면 돈을 주고도 매듭을 풀기 어려운 환자들이 많다. 사람은 매듭과 마주하면서 겸손을 배운다. 매듭이 있는 사람은 남의 고통을 이해하고 공감한다. 우리에게 주어지는 매듭은 우리가 교만해지지 않게 할뿐더러 남의 처지를 이해하게 하는 스승이 된다.

인생은 매듭으로 엮여 있다. 나의 매듭과 이웃의 매듭. 어려움을 겪어본 사람은 어려운 사람의 심정을 잘 안다. 그래서 어려운 사람에게 도움의 손길을 내밀 수 있다. 우리는 남의 매듭을 푸는 데 도움을 줄 때 보람을 느낀다. 이웃의 매듭을 함께 풀면서 내 매듭이 풀리는 경우도 있다. 매듭은 삶을 힘들게 하고 어렵게 하지만 한편으로는 우리를 풍요롭게 한다.

인생은 한 폭의 자수刺繡와 같다. 우리는 우리에게 펼쳐지는 자수를 알지 못한다. 어떤 때는 빨간 실이 춤추고, 어떤 때는 파란 실이 춤추며 수를 놓는 수판에 수가 놓인다. 즐겁고 행복해야 할 시간에 고통과 시련이라는 빨간 실이 수판 위로 올라올 수도 있다. 무기력하게 실이 오르락내리락하는 것을 봐야 할 때도 있다. 하지만 온통 파란색만으로는 아름다운 작품이 나오지 않는다. 파란색, 노란색, 빨간색, 보라색, 자주색 실들이 조화롭게 있어야 할 곳에 정확히 짜이면 인생이라는 멋진 작품이 나올 것이다. 우리 인생의 수가 어떤 그림을 그릴지 지금은 알 수 없으나 시간이 한참 흐른 후에는 퍼즐이 맞춰지고 이해할 수 있을 것이다. 우리는 자신의 매듭, 즉 각자의 십자가를 지고 살고 있다. 그리스어 성경에서 '십자가를 지다.'라는 단어는 바스타제인을 번역한 것으로, 이 단어의 의미는 '귀중한 것을 품고 가다.'이다. 예를 들면 어머니가 아기를 품고 갈 때 이 단어를 쓴다. 우리는 각자의 십자가인 매듭을 끝까지 책임지며 자신의 길을 열심히 살아가고 있다. 그러한 인생에서 고난을 책임지는 것은 어머니가 아기를 안고 가는 것처럼 귀중한 것을 품고 가는 아름다운 여정일 것이다.

인생에서는 한쪽 문이 닫히면 다른 쪽 문이 열린다고 한다. 우산을 써도 빗발치는 소나기는 피할 수 없어 맞을 수밖에 없다. 어떤 때는 자신을 보호할 최소한의 도구도 없이 시련과 고난에 마주한다. 소나기는 잠시 폭우를 뿌리지만 오래가지 않는다. "소나기와 천둥 번개도 사흘을 넘기지 못한다. 하물며 인간의 일임에야." 노자『도덕경』에 나오는 말이다.

닫힌 문에 대해 연연할 필요 없다. 다른 쪽 문이 반드시 열리기 때문에 기회를 잘 살피다 기회를 만나면 활용하면 된다. 지난 인생을 되돌아 생각해 보면 가던 길이 막히면 샛길이 생긴다는 것을 경험했을 것이다. 때론 샛길로 접어든 것이 오히려 나에게 기회가 되었던 일도 떠오를 것이다. 샛

길은 자신의 노력으로 만들 수도 있지만, 의도와는 상관없이 느닷없이 생기는 경우도 있다. 이런 것을 운명이라고 해도 될 것이다.

"신이여, 고칠 수 없는 일은 의연히 받아들이는 여유로움을, 고쳐야 하는 일은 기필코 고치는 용기를, 그리고 그 두 가지 일을 구별하는 지혜를 주소서." 신학자 라인홀트 니부어 Reinhold Niebuhr의 말이다. **공기의 저항 없이는 독수리는 날 수 없고 물의 저항 없이는 배가 뜰 수 없다. 고통은 공감의 변화에 영향을 일으키는 중요한 요소로 작용한다.** 공감이 부족한 사람일수록 타인에게 고통을 주지만 고통을 견딘 사람은 더 강하게 변하고 공감의 깊이는 더 깊어진다.

희망의 내비게이션

올레 에이나르 비에른달렌은 노르웨이 바이애슬론크로스컨트리 스키와 사격이 결합된 동계 스포츠 선수다. 그는 동계올림픽에서 네 개의 금메달을 땄는데 그 비결은 긍정적인 사고의 힘이라고 한다. 올레 선수는 승리에 대한 희망을 시각적으로 상상하며 훈련했는데, 자신이 원하는 모습을 구체화시켜 영상으로 상상하고 잠재의식 속에 희망적 사고를 계속 보내는 훈련을 했다고 한다. 그녀는 자신의 승리를 시각적으로 상상하고 긍정적인 사고로 자신의 꿈과 목표를 그리는 훈련을 통해 승리에 대한 확신을 가질 수 있었다.

부정적인 감정을 가지면 연달아 부정적인 상상을 하게 되는데, 이것을 '실패 예상 증후군'이라고 한다. 리더는 실패가 아닌 성공 예상 증후군을 가져야 한다. 리더는 조직의 실적이 저조하거나 침체를 겪을 때조차도 희망을 가질 수 있도록 희망의 기회를 제공해야 한다. 리더는 어려운 현실에 실망하여 낙담하기보다 성공에 대한 이미지를 그려 조직원에게 보여줌으로써 조직에 에너지를 불어넣는 역할을 해야 한다. 이때 주의할 것은 지나친 성공 예상이다. 이는 구성원에게 오히려 해가 될 수 있다. 예를 들어 팀의 목표가 100이라면 110~120 정도 도전적으로 잡는 것은 조직에 의욕을 불어넣을 수 있지만, 목표를 300으로 잡는 것은 구성원의 도전 의욕을 잃게 만들 것이다. 정치범 수용소에서 살아남은 노벨상 수상자인 엘리 위젤[Elie Wiesel]은 희망의 남용을 막기 위해 "나의 희망이 타인에게 악몽이 되어서는 안 된다."라고 했다.

리더가 구성원에게 성과 목표를 강요하기보다 구성원과 협력하여 구성원이 성과를 낼 수 있도록 긍정적 이미지를 시각화하는 작업이 중요하다. **리더의 생각과 행동은 구성원에게 구체적으로 목표를 향해 갈 수 있는 내비게이션 역할을 한다.** 리더의 긍정적 이미지 시각화 작업은 성공의 확률을 높인다. 철강왕 카네기는 한 폭의 그림을 사무실에 걸어놨다. 백사장에 나룻배가 놓여 있는 그림이었는데 이 그림에는 "반드시 밀물은 밀려오리라. 그날 나는 바다로 나아가리라."라는 문구가 적혀 있었다. 카네기는 고달팠던 시절 이 그림을 보면서 희망을 잃지 않았다고 한다.

우리가 원하는 것을 잊지 않고 생각한 것을 더 자주 반복하기 위해서는 시각화가 필요하다. 미래의 내 모습은 아주 멀게 느껴진다. 한 연구에 따르면 노인이 되었을 때의 모습을 디지털 기술로 보여주면 은퇴 후를 준비해야겠다는 각오를 더 구체적이고 철저하게 한다고 한다. 이처럼 눈에 들어온 정보는 뇌를 더 활성화시켜 실제에서 구체적 행동을 유도한다. 눈은 보고 싶은 것만 보는 습성을 가지고 있다. 눈길이 머무는 곳에 원하는 것을 이미지화시켜 놓는다면 내가 보고 싶은 것만이 아니라 내가 원하는 것까지 보게 될 것이다. 긍정적 이미지가 누적되면 긍정적 결이 생활에 생긴다. 이런 긍정적인 결은 우리를 성공으로 안내할 것이다.

조직을 성공으로 이끄는 공감 리더십

1. 사람은 마음먹은 만큼만 행복하다.
2. 포장지보다 내용물이 더 중요하다. 외형보다 내면을 살펴라.
3. 감사 편지를 써라. 인간관계를 회복시켜 줄 것이다.
4. 삶의 시련은 우리를 겸손하게 하고 남을 공감하는 스승 역할을 한다.
5. 눈길이 머무는 곳에 희망을 시각화하라.

에필로그

우리나라는 갈등 공화국이라 해도 틀린 말이 아닐 것이다. 가족, 친인척, 친구, 상사, 동료들 사이에서 우리는 갈등과 씨름하며 살아간다. 갈등의 한복판은 공감이 빠진 자리다. 특히 디지털의 영향으로 사람과 사람 사이는 점점 소원해지고 있다. 우리 사회는 타인에 대한 무관심으로 공감하지 않는 문화가 팽배해지고 있다. 소셜미디어는 서로를 한쪽으로 치우치게 하고 점점 멀어지게 하고 있다. 사회는 양보와 화합 대신 너와 내가 점점 분리되어 갈등이 심화되고 있다. 공감이 부족한 문화 속에 살다 보면 공감을 주는 것도 공감을 받는 것도 어색하게 여겨질 때가 있다.

살면서 정말 필요한 것이 바로 공감이다. 그러나 공감이 삶에서 얼마나 중요한 요소인지 알지 못한 채 살아간다. 공감 없는 세상은 상상하기 힘들다. 디지털 환경은 편하고 빠르지만 사람과 사람을 이어주는 공감의 훈훈함을 느끼기 어렵다. 이런 환경은 우리의 감정을 무감각하게 하고 약화시킨다. 공감이 부족할수록 사회는 점점 더 삭막해진다. 사회적으로 문제가 되는 사건 사고의 현장은 공감이 사라진 자리다. 공감받지 못하기 때문에 얼마나 많은 사람이 힘들게 살아가고 있는지 모른다. 공감의 결핍은 개인적인 문제를 넘어 사회적 문제로 확산된다.

필자는 공감에 대한 기억을 더듬으며 하루하루 원고를 써나갔다. 내 마음에 와닿으면 다른 사람의 마음에도 와닿을 것이란 생각을 가지고 원고를 완성해 나갔다. 내가 힘들었던 일은 남에게도 힘들 것이란 생각으로 그런 일들을 정리했다. 공감은 전문가만 얘기할 수 있는 것이 아니라고 생각한다. 느끼고 경험한 것이 진정한 공감이라고 생각한다.

사람의 마음을 얻는 것이 리더십이다. 리더란 '사람의 마음을 움직여' 조직의 목표를 달성하는 사람이다. 하지만 목표를 알려주는 북극성이 흐릿하면 조직은 표류한다. 공감에 대한 반응속도가 느리면 거대한 공룡 브론토사우루스Brontosaurus처럼 기업도, 조직도, 리더도 사라질 수 있다. 데일 카네기는 "다른 사람으로 하여금 어떤 일을 하게 만드는 유일한 방법은 다른 사람이 원하는 것을 주는 것이다."라고 했다. 리더는 권위를 내세우는 자리가 아니라 공감하는 자리다.

공감은 대단한 것이 아니다. 공감은 따뜻한 말 한마디, 공감한다는 옅은 미소나 몸짓 하나에서부터 출발한다.